DÉCOUVREZ VOTRE ASCENDANT

BÉLIER

LES ÉDITIONS QUEBECOR
une division de Groupe Quebecor inc.
7, chemin Bates
Bureau 100
Outremont (Québec)
H2V 1A6

Distribution : Québec-Livres

© 1988, Les Éditions Quebecor
© 1992, Les Éditions Quebecor, pour la réédition
Dépôt légal, 2e trimestre 1992

Bibliothèque nationale du Québec
Bibliothèque nationale du Canada
ISBN 2-89089-465-7
ISBN 2-89089-881-4

Coordonnatrice à la production : Sylvie Archambault
Conception et réalisation graphique de la page
couverture : Bernard Langlois
Maquette intérieure : Bernard Lamy et Carole Garon

Impression : Imprimerie l'Éclaireur

JACQUELINE AUBRY

Les Éditions
Quebecor

PRÉFACE

Plus facile d'écrire un article que de préfacer le livre d'une femme que l'on aime «presque» inconditionnellement.

Je dis «presque» parce que nul n'est parfait et que l'adoration béate n'est pas à mes yeux une relation saine.

Que dire d'elle ? Que dire de son travail ? de ses livres ? si ce n'est qu'elle fait tout pour l'amour qu'elle porte à la race humaine qu'elle perçoit à travers la lorgnette des 12 signes astrologiques.

Tel l'alchimiste devant ses fioles, la carte du champ des étoiles étalée devant elle, elle récupère le jeu des forces de l'individu pour s'en faire une énergie qui passe par sa pensée dans l'écriture.

Dans cette recherche de l'immédiat, notre astrologue retrouve ce lien d'intensité qui la guidera vers l'autre, vers une pensée authentique... ou vers une pensée sauvage. Tout le monde n'a pas les mêmes balises, les mêmes priorités, les mêmes aspirations. Et rien n'est l'effet du hasard. Quelqu'un n'a-t-il pas dit quelque part qu'un éternuement à un bout de la planète peut provoquer un tremblement de terre à l'autre bout.

Pendant la guerre du Golfe, l'année dernière, l'éternuement s'était produit, il suffisait d'attendre le tremblement de terre. Jacqueline avait dit qu'il se produirait le 17 et non le 15 janvier comme tout le monde s'y attendait. La lune, disait-elle, était en carré Vénus, carré Saturne, carré Mercure, carré Neptune. Ciel chargé, aspects négatifs.

Bref, ce 17 janvier, j'étais de garde à Radio-Canada à l'émission d'information pour laquelle je travaille. Et je surveillais le

BÉLIER

fil de presse et les écrans de télévision. J'avais blagué avec mes collègues en leur disant que je préférais ne pas rentrer à la maison puisqu'il allait falloir revenir et travailler, que ce soir était le grand soir, mon astrologue me l'avait prédit.

À 00h 00 GMT, en début de soirée à Montréal, la Maison Blanche annonçait que l'opération «Tempête du désert» pour la libération du Koweit avait débuté.

Au cours des jours qui suivirent, nous avions du pain sur la planche. Nous travaillions si fort et pendant de si longues heures que chaque fois que je voulais prendre une pause de quelques minutes, j'appelais Jacqueline et lui faisais le bilan du déroulement de la guerre. Elle me décrivait dans son vocabulaire les événements qui allaient se produire à travers la carte du ciel de Saddam Hussein, celle du président Bush et des planètes régissant les pays impliqués. J'étais sidérée par la compréhension qu'elle avait des événements qui se déroulaient dans le Golfe, d'autant plus que je connaissais pertinemment le peu d'intérêt qu'offrent les nouvelles aux yeux de Jacqueline.

«Ce sont toujours de mauvaises nouvelles, je préfère ne pas les regarder», répète-t-elle souvent.

Elle me disait sans cesse au début du mois de janvier que la guerre se transformerait en une Guerre mondiale, parce que, croyait-elle, on va prendre cette guerre comme alibi pour détourner l'attention vers un autre pays ciblé. Dès le 18 janvier, Israël recevait son premier missile Scud. Jacqueline disait que cette guerre allait faire rejaillir de vieilles querelles et que des populations entières se retrouveraient loin de chez elles.

Que le monde entier serait bouleversé après cela... que des amitiés entre peuples allaient refaire surface et qu'il y aurait un retour aux valeurs spirituelles dans de nombreuses parties du globe. Faute de pain, on met son espoir en Dieu.

Le 24 janvier, Jacqueline, qui trouvait un intérêt particulier à cette guerre, m'appelait pour me dire qu'il y aurait un événement qui se produirait sur l'eau dans les prochains jours. On salit la planète par vengeance, m'informait-elle. Ça allait être affreux. La lune était en capricorne et Jupiter en cancer (l'eau) et comme Mars était en Sagittaire, ça allait se répandre. Et Saddam Hussein ne s'en tiendrait pas là; il allait recommencer une autre fois.

Le 25 janvier, Washington et Ryad accusaient l'Irak de déverser d'énormes quantités de pétrole dans le Golfe provoquant ainsi une très grave marée noire.

Le 30 janvier : annonce d'une seconde marée noire au large de l'Irak...

Là, la Lune était en Poissons carré Mars. La Guerre par l'eau.

Cruellement, c'est dans les guerres que les peuples, que les gens se révèlent le mieux. C'est dans ses réflexions sur la guerre, sur les civils qui se faisaient massacrer que Jacqueline me dévoilait son propre attachement à la vie, aux éternels recommencements provoqués... de ces éternels recommencements annonciateurs d'une certaine plénitude de l'être.

N'empêchons pas le mouvement. S'il n'a pas lieu, n'empêchons pas l'idée du mouvement.

J'ai des cahiers pleins de notes sur les prédictions des différents mouvements engendrés dans divers pays, autant que sur les bouleversements causés dans ma propre vie. Si un jour quelqu'un trouvait ces cahiers, il s'amuserait assurément à départager les événements collés à l'actualité des prédictions mondiales de Jacqueline ainsi que ses réflexions personnelles sur mes amis, enfants, amours...

L'éclatement de l'URSS fut prédit par Hélène Carrère d'Encausse il y a dix ans dans son livre «l'Empire éclaté». Elle est politicologue.

Dans son jargon astrologique (que je ne comprends qu'à travers les archétypes de Jung : lectures qui ont accompagné mon adolescence), Jacqueline m'expliquait, elle, que la Russie, le pays du Verseau, ne serait plus cette année ce qu'il était. Elle ne voyait que chaos et désordre. Qu'il y aurait de nombreux petits pays qui se formeraient et que de plus en plus de populations crèveraient de faim pendant des années.

Mais laissons de côté les pays, la guerre, les idées alarmistes pour se tourner vers vous, les lecteurs de ce livre...

Si vous tenez ce livre entre vos mains, c'est déjà un bon signe. C'est que vous vous intéressez au moins à votre propre naissance. Il y a donc de l'espoir. C'est toujours terré dans un coin, loin des autres, que l'on se pose les questions : Qui suis-je ? Où vais-je ? Et comment et avec qui y aller ? Si l'on pouvait au moins trouver une interprétation à certains archétypes

BÉLIER

permanents, l'on pourrait se concentrer sur les rapports analogiques entre les êtres, les choses, les étoiles et retrouver celle qui doit guider la plupart d'entre nous... notre bonne étoile.

Mais comment se retrouver dans les ramifications à perte de vue de ce fil qui rattache notre monde — le réel — aux configurations célestes ?

Comment se retrouver dans les faux miroirs ? Puisque la vie est autre que ce que l'on écrit. Parce que l'écriture peut être trompeuse lorsqu'elle provoque une certaine idéalisation des événement. L'écriture caricature, mais elle est aussi liberté.

C'est ce désir de liberté qui sommeille au fond de chaque signe qui vous sera extirpé dans ce livre, ce désir de se voir dans un miroir non déformant, de se voir Être dépouillé de tout mensonge, de brefs éclats du miroir perdu à la recherche ne serait-ce que... d'une parcelle de vérité.

Comme si le monde allait de lui-même se restituer en un monde d'équilibre des ressources, des avoirs, des forces de construction d'un monde nouveau. Le prochain siècle s'inscrira peut être sous le signe des valeurs universelles... Après tout, ce sont ces valeurs qui assurent la permanence.

Ce livre s'adresse à chacun des signes, leurs ascendants et veut aussi créer ce rapport analogique que recherchent les gens seuls à la recherche d'un être qui leur soit sous presque tout rapport apparié. Peut être permettra-t-il à certains d'entre vous de chasser les vieux fantômes restés enfouis dans vos vieilles cellules ? Peut être vous permettra-t-il également de constater la vraie vie absente comme aussi l'absence de l'autre...

Le couple constitue une des plus grandes forces... le couple n'est-ce pas la force individuelle décuplée ?

Seuls, nous ne pouvons pas grand-chose.

Evelyne Abitbol

BÉLIER

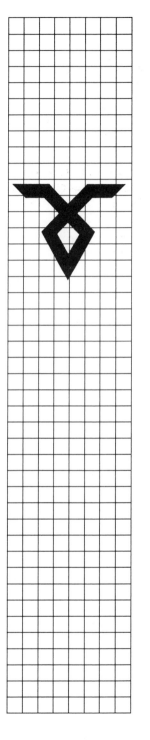

Pour ma mère, Denise Aubry, tendre et fougueuse, franche, honnête, unique, femme merveilleuse. Je fus attirée par son âme pure, elle m'a acceuillie dans son corps pour me donner naissance, elle était impatiente de me voir arriver! Je l'ai choisie pour être ce que je suis. Je suis heureuse de la VIE à laquelle je m'étais destinée bien avant mon premier souffle.

Bélier, signe masculin.
Premier signe du zodiaque,
Première maison.
Il dit: **Je suis.**
Son élément est le feu.
Il est un signe cardinal.
Il débute avec le printemps.
Sa planète en domicile est Mars.
Sa force vitale est dans la tête,
tout comme sa faiblesse.

BÉLIER

Le **Bélier** est un signe de feu, cardinal, un signe de chef, de commandement. Ça vous le saviez et ceux qui sont témoins de leur vie le savent aussi! Je suis allée à bonne école!

Ce natif est très attachant, il s'emballe, vous aime follement. Il vous dira qu'il peut faire n'importe quoi pour vous, qu'il fera avec vous de grandes choses! Les projets ne manquent pas, puis, tout à coup, il vous laisse tomber, ou il a disparu, il a autre chose à faire. Quand il est de bonne humeur il n'y a pas mieux que lui; et quand il devient maussade, il gagne aussi la médaille. Fort heureusement pour les onze autres signes, l'orage passe très vite. Il n'est pas rancunier, il oublie même ses propres colères. Certains, cependant, ont meilleure mémoire.

Il agit, il aime l'action et supporte très mal les gens passifs. Ça l'énerve. Il a sans cesse quelque chose à faire, lui, mais il n'est pas certain qu'il finira ce qu'il entreprend. Quand il rencontre des gens qu'il considère comme passifs, il peut devenir cynique.

Il a tendance à tout exagérer. Il passe du fantastique au merveilleux, de la catastrophe au cataclysme. Il connaît de profonds moments d'angoisse; quand l'idée lui vient qu'il pourrait être abandonné, il a peur, peur comme un bébé. Il a besoin de se sentir soutenu, encouragé; il a ce profond besoin qu'on s'intéresse à lui, qu'on lui démontre de l'affection, de l'attention, parfois aussi de l'admiration; à partir de là, il peut déplacer des montagnes. Il aime qu'on l'aime. Alors il a la certitude que sa vie est utile.

Ce sentiment d'être important pour quelqu'un est extrêmement puissant; il est à remarquer que le Bélier vieillit mal dès qu'il ressent qu'on a moins besoin ou plus du tout besoin de lui. Il ne supporte pas d'être mis de côté ou du moins pas longtemps. D'ailleurs, si jamais vous faites ça, il s'arrangera pour faire une scène et vous prouver que vous avez encore besoin de lui. Il créera lui-même le besoin s'il le faut. Il a suffisamment d'imagination pour ça; il ressent, il flaire comme un animal ce qui vous ferait tourner la tête. Ce peut tout aussi bien être un compliment qu'une bêtise, ça dépend sur quel pied il s'est levé ce matin-là.

Il lui arrive de s'accrocher les pieds sur des détails qui lui permettent d'exploser, de se défouler, alors que c'est autre chose qui l'agace. Il ne s'en est pas rendu compte lui-même. Si vous le lui expliquez, il écoutera attentivement: sa tête fait du cent milles à l'heure, c'est pourquoi il est, plus que tout autre signe, sujet aux migraines.

Il a le sens de l'entreprise mais, si ça prend trop de temps à démarrer, il abandonne l'idée pour en mettre une autre de l'avant, se disant qu'il pourra toujours revenir à la première quand le temps de l'action sera venu. Il n'est pas patient pour deux sous. Ce natif ne décourage jamais personne de faire, d'avancer, de progresser, bien au contraire. Sa seule présence est une véritable provocation, une stimulation, un défi. Il faut avoir du souffle pour le suivre, il fait des détours.

La planète Mars, maîtresse du Bélier, peut se manifester de deux manières: constructive, quand il bâtit une entreprise au service d'autrui, ou destructrice, quand il se fait bagarreur et extrémiste.

Vous ne le ferez pas obéir (ça fait 50 ans que mon père essaie avec ma mère, mais elle n'en fait qu'à sa tête). Le Bélier s'affirme sans condition et il entraîne les autres à sa suite. Il aime l'amour au sens de la conquête. Chaleureux et passionné, sans amour sa passion s'éteint et le voilà reparti vers une autre conquête; il va courir le risque de vivre une autre passion. Un Bélier reste fidèle quand il ne s'ennuie pas et qu'il a la sensation qu'il n'est jamais conquis et que vous déployez un zèle fou pour le garder. (Mon père bat les records d'endurance.)

Personnellement, je dois vous avouer que j'adore la fantaisie des Béliers. J'aime quand ma mère me fait une visite surprise et qu'elle me serre dans ses bras comme si j'étais encore une petite fille. Je la trouve encore si grande dans mon coeur, je l'adore et, chaque année, je ne puis la soustraire au chapitre du Bélier. Elle ressemble à tant d'autres femmes du Bélier que je connais: maternelles, amoureuses, protectrices, et en même temps stimulantes pour les enfants, ne leur donnant finalement comme limite que l'interdiction d'être malhonnêtes. Elles ambi-

BÉLIER

tionnent que leurs enfants soient les meilleurs! Elles veulent en être fières, et c'est tout à fait légitime. Elles veulent qu'ils soient en sécurité, et c'est tout à fait légal. Dans tous les livres que j'ai écrits, mes fidèles lecteurs ont certainement reconnu mon amour pour ma mère et mon père. Et ici, dans ce chapitre consacré au Bélier, il est normal que je vous parle d'elle. Je l'aime. Elle m'a élevée passionnément, aussi je l'aime passionnément, je lui retourne ce qu'elle m'a donné. C'est d'ailleurs une loi universelle: tout ce que tu donnes te sera rendu. Je la taquine parfois en l'appelant le petit dictateur; elle me supporte, sachant bien que c'est totalement faux! Allez-y voir tout ce qu'elle m'a fait faire depuis ma plus tendre enfance.

Les Béliers sont le plus souvent des gens très croyants, mais l'exception fait la règle. Ils s'en remettent souvent à la divine Providence quand ça ne va pas dans leur vie. Ma mère l'a fait. À l'âge de quatre ans, j'ai eu une coqueluche que les médecins disaient compliquée, si bien que j'ai perdu l'usage des jambes pendant une année. On m'avait condamnée à ne plus jamais marcher! Je me souviens encore des prières que ma mère et mon père faisaient. Je pourrais presque dire que je touchais leur foi en Dieu, en la Providence. Je les entends encore prier et les images sont claires dans ma tête quand la famille s'agenouillait pour demander que je retrouve l'usage de mes membres. J'ai le net souvenir du visage de ma mère quand elle s'affairait dans la journée, qu'elle faisait le ménage, elle priait tout haut. Je me souviens de cette foi pure, toute remplie de son énergie. Je crois bien que, devant son insistance, Dieu a plié et a décidé de la récompenser.

J'ai pu remarquer, chez de nombreux autres Béliers, cette même foi, celle qui soulève les montagnes. Ils finissent toujours par gagner. Ils y mettent tant de coeur et d'énergie!

Je vous l'ai dit, j'ai rarement vu des Béliers méchants, qui nourrissent de vilaines intentions. Aimer et être aimés, tel est leur mot d'ordre. Le secret est là.

Les astres inclinent, mais Dieu est bien au-dessus d'eux! Et l'on peut toujours vaincre les épreuves que la destinée nous impose. Il a été donné à chacun la force de vaincre, et là-dessus nous sommes égaux. Les épreuves ne sont que des leçons que nous sommes venus apprendre. Un Bélier qui vit, par exemple, des «échecs» sentimentaux répétitifs, devra peut-être apprendre à être plus assidu dans ses amours, se convaincre que personne n'est jamais acquis, ni possédé, et que si lui change, l'autre a aussi le droit de changer; qu'il est plus ardu d'aimer à long terme qu'à court terme, et qu'il est plus difficile de soutenir une passion que de l'éveiller; que donner de soi n'est pas uniquement une question de corps, mais d'âme; que la générosité ne consiste pas seulement à faire un beau sourire, mais à aider l'autre à se développer davantage; que si l'autre a des idées différentes, elles ne sont pas nécessairement toutes mauvaises; que s'il ne déploie pas la même énergie d'action, celle-ci n'est pas non plus à rejeter, chacun a sa façon de faire.

Par le temps qui court, l'échec sentimental est fréquent, et le Bélier subit cet air du temps qui l'éloigne de sa générosité pure; il fait trop de calculs. Sa peur de ne pas recevoir assez pour ce qu'il donne lui impose des limites. On ne reçoit que ce qu'on donne. Une fois qu'on l'a compris, on n'a plus jamais peur de se «mouiller».

Il y a aussi ma nièce, Benjamine Hébert, avec qui j'ai bien ri quand elle a eu ses dix-huit ans. Le fait d'avoir atteint sa majorité ne l'avait pas vraiment calmée de sa folie de vivre et de découvrir. Jeune fille adorable... sourire qui vous transmet son énergie, sa joie. Pleine d'espoir, elle a la tête remplie de rêves magiques et je suis certaine qu'elle en réalisera plusieurs. Quelques-uns seront abandonnés en cours de route, ils auront fini de faire leur effet. Quand elle vient me voir, j'attrape «dix-huit ans». Elle me transmet sa jeunesse, virus agréable. J'écoute ses dernières nouvelles; elle fait tant de choses qu'il me faudrait dix pages pour les décrire. Elle fait carrière, une sorte de croisade qui n'a rien de politique: elle mord dans la vie et c'est extraordinaire!

Et voici ma belle-soeur, Monique Coutu, qui s'enflamme et rougit dès qu'elle raconte un événement qui l'a émue. Simple, elle s'émeut de tout. Elle me fait bien rire quand je la vois s'énerver autour de ses chaudrons lorsqu'elle reçoit la famille. Elle a peur qu'il en manque, alors qu'il y en a pour toute une armée, même pour les vaincus. Elle veut tellement que tout soit parfait. J'apprécie le motif de son excitation: elle aime la famille et, chez nous, c'est un pour tous, tous pour un. Vous ne pourrez rejeter un membre sans les rejeter tous!

Le Bélier est un signe très attaché à sa famille. Il est le premier signe du zodiaque, le bébé naissant, et il est bien démuni quand il n'a pas cette attache familiale, quand il est hors de la famille où il peut toujours être lui-même. Les Béliers, quand ils doivent vivre le divorce de leurs parents, sont des êtres déchirés, se sentant même coupables de cette séparation qui les affecte. Pourtant, ils n'y sont pour rien, c'est une histoire entre les parents. Je dis souvent que si un mariage échoue, c'est que deux bonnes personnes se sont unies, mais elles n'étaient pas faites pour vivre ensemble, tout simplement.

Parmi les amis de mes enfants, je connais de nombreux Béliers dont les parents sont divorcés, et ils sont plus nerveux que les autres, plus insécures, plus instables. Leur bulletin scolaire s'en ressent parce qu'ils éprouvent plus de difficultés, sont plus facilement distraits. Ce n'est pas l'intelligence qui fait défaut; c'est que le Bélier qui vit l'échec du mariage de ses parents, si on ne lui dit pas la vérité, se demande sans cesse comment cela a pu arriver... il ne peut donc être aussi attentif à l'école.

Avez-vous déjà été reçu chez monsieur Pierre Péladeau? Quand il reçoit, il n'y a rien de plus comique! Si les serviteurs ne vont pas assez vite, si ses invités attendent, vous le voyez alors s'affairer à faire le service lui-même. Il s'énerve. Si vous en laissez trop dans votre assiette, il est inquiet; peut-être n'avez-vous pas aimé ça? Et il s'informe si vous ne voulez pas autre chose. Il y en a pour trois dans la même assiette! Pour un appétit normal, c'est toujours trop.

Monsieur Péladeau a cette énergie sautillante, quand il est de bonne humeur, un pas militaire et ferme quand il l'est moins, mais tout aussi décisif, plus marqué et plus lourd. Il a quelques planètes dans le signe du Taureau. Quelle remarquable énergie! Vous avez envie de sautiller avec lui, de le suivre dans sa course folle de la chasse au trésor. Le trésor l'intéresse, mais plus encore les moyens qu'il lui faut prendre pour le trouver. D'ailleurs, aussitôt qu'il possède une entreprise, le voilà reparti à la conquête d'une autre. C'est un jeu: plus il déploie de «carburant», plus il en trouve. Il s'agit, encore une fois, de l'effet de la loi cosmique, du retour des choses.

Quand vous avez les mains vides, elles doivent être remplies, rien ne reste sans effet et rien n'est vide ici-bas. Quand monsieur Péladeau a l'idée qu'il doit posséder une chose, mentalement il réussit à se détacher de tout le reste, et se trouve donc à avoir psychiquement les mains vides et prêtes à recevoir! Les Béliers ont souvent tout naturellement cette faculté. Ils aiment la diversification. Ils rêvent de conquête, et aussitôt celle-ci réalisée, c'est fini intérieurement, ils n'ont plus à s'en préoccuper, ils n'ont pas à rester là, les mains dessus, ils gardent leur liberté de mouvement pour aller vers autre chose. C'est un modèle que bien d'autres signes devraient suivre s'ils veulent élargir leurs acquisitions.

Un jour, j'eus absolument besoin d'un service que seul monsieur Péladeau pouvait me rendre. Je l'ai dérangé en pleine réunion. Dix minutes plus tard il était là! J'apprécie qu'il me considère autant. Je sais que je fais partie de ces gens qu'il respecte comme tous ceux qui sont honnêtes avec lui. Il devine très bien si on l'apprécie pour son pouvoir ou pour ce qu'il est en tant qu'être humain. Ni son argent ni son pouvoir ne m'intéressent; pour moi, il est un homme d'action admirable, un emballé, un spontané aux mille fantaisies, un audacieux comme personne ne peut l'être. À la fois cérébral et émotif, il discute philosophie avec sagesse. Nous avons quelques opinions opposées, et radicalement à part ça! Qu'importe, il soutient son point de vue et moi le mien. Et ça finit toujours par le rire. Avec lui, la philosophie, c'est une vraie cavalcade.

Monsieur Péladeau n'est pas un homme qui se limite aux affaires. Il possède une foule de connaissances qu'il a acquises par curiosité, par plaisir. Le connaître de plus près, c'est découvrir que son succès est dû à sa largeur d'esprit dans différents secteurs et que, finalement, tout sert dans la vie. Je ne vous dis pas qu'il est parfait (ça il n'aimerait pas!). Il a bien quelques petits défauts, je ne suis pas aveugle, mais qu'importent les faiblesses! Si on s'y attarde, on se laisse obnubiler par elles, ce qui n'a rien d'excitant en soi. Il vaut mieux voir les forces et la «présence divine» qui se trouvent au coeur de chaque être vivant.

Nous sommes tous une conception miraculeuse et personne, pas même les grands scientifiques, n'a encore percé le secret de la vie avant la vie ni après la vie. Mais nous avons tous cette sensation, et le Bélier peut-être bien plus que les autres, que rien ne finit jamais. C'est un signe de feu, le premier, un intuitif pur, il croit en l'immortalité. Il ne peut l'expliquer, mais il le sent. Et qui donc pourrait vraiment l'expliquer?

J'ai un bon ami, Jean Morin, réalisateur à Télé-Métropole, avec qui j'ai beaucoup travaillé. Il me fait rire. Son dynamisme donne le goût de participer, de faire un avec toute l'équipe. Il ne se gêne pas pour faire ses remarques et ne se pose aucune question à savoir si vous êtes blessé ou non. Pour lui, l'essentiel c'est une bonne émission. Il arrive toujours avec une idée nouvelle pour améliorer le produit! Et quand nous fêtons, il ne donne pas sa place! Il nous fait tous rire. Je l'aime parce qu'il est vrai, qu'il ne joue à rien. Il réalise, ne se coiffe pas de lauriers parce qu'il a des réussites, et il veut offrir à son public ce qu'il y a de mieux. Il a un petit côté dictateur, une nature de commandement, mais il dégage une chaleureuse amitié, il ne fait pas semblant de vous aimer. Quand il aime, il le dit; quand il n'aime pas quelqu'un, je préfère ne pas parler de sa pseudo-indifférence!

Un Bélier ne peut être indifférent, et je préfère ne pas parler du regard qu'il est capable de jeter quand il désapprouve quelqu'un. En général, quand il désapprouve quelqu'un, c'est que ce dernier n'a pas été honnête avec lui, c'est aussi simple que ça! Il me fait toujours plaisir de le revoir, je sais d'avance qu'il me fera rire et j'aime rire. Il me taquine en disant qu'il ne croit pas à l'astrologie. Naturellement, il le dit sur un ton sérieux, et tout à coup voilà le sourire interrogateur qui veut savoir ce qu'il a maintenant dans sa carte du ciel! Ou alors il avoue que ça l'étonne que j'aie vraiment raison à ce point. Peut-être que c'est vrai l'astrologie, après tout? Un jour il m'a confié ne pas vouloir y croire parce qu'il ne veut pas subir son influence, mais qu'en même temps il y croyait.

L'astrologie n'est pas la parole divine, mais les astres inclinent parfois sérieusement...

Il y a tant de Béliers que je connais, que j'aime parce qu'ils sont ce qu'ils sont, vrais, d'une seule pièce. Ils disent **JE SUIS**. Le spectacle est tout à fait charmant. Vous pouvez applaudir puis, tout à coup, vous vous rendez compte que le Bélier vous a fait monter avec lui sur la scène de sa vie. La vie, il ne la joue pas seul, mais en équipe, et le plus près possible les uns des autres. Il vous laissera même le choix de vos répliques!

Le temps et les circonstances m'ont éloignée de ma très bonne amie Francine Bertrand, mais qu'importe, j'ai l'impression que je suis toujours près d'elle. N'a-t-elle pas été la porte d'entrée qui m'a permis d'être là où je suis maintenant? J'en suis heureuse. Elle m'a présentée à l'éditeur et, de fil en aiguille, j'ai pu travailler pour vous, pour moi, pour vous faire plaisir, me faire plaisir. La dernière fois que je lui ai parlé elle venait d'avoir un deuxième enfant et nageait dans le bonheur avec une Vierge. Je retrouvais son dynamisme, son espoir qui semblaient se renouveler sans fin. Elle avait mille projets, mille petits bonheurs en vue pour en faire un gros au bout du compte. J'ai connu Francine dans des moments où nos vies n'avaient rien d'une satisfaction totale, mais nous nous sommes encouragées, nous y avons cru. Nous avons réalisé nos plus chères ambitions: elle, avoir des enfants, et moi, écrire des livres qu'on publierait!

Je ne peux non plus passer sous silence Annie Tonneau qui s'intéresse toujours à ce que je fais et qui, par la même occasion, s'informe des aspects à venir de son thème natal. J'ai toujours grand plaisir à lui parler. Elle croit, elle a foi en la vie. Elle est convaincue que le bonheur et la prospérité sont faits pour elle, elle les aura tous les deux sur un même pied d'égalité.

Il existe de ces Béliers qui ne sont pas profondément honnêtes, malheureusement pour nous et pour eux. Ce sont généralement des êtres inquiets, tourmentés, qui savent très bien qu'ils font fausse route. On les appelle alors les brebis égarées. Ne sont-ils pas aussi les agneaux immolés? Ils s'immolent eux-mêmes, car tout ce qu'on fait aux autres nous revient immanquablement.

C'est une loi du ciel et personne n'y échappe. Ils pourront posséder des trésors, des richesses, mais ils auront toujours cette sensation que quelque chose leur échappe, cette partie d'eux-mêmes qui doit être en communication avec l'univers et l'élan de générosité envers autrui. Quand le Bélier refuse de donner, par manque de spiritualité, par peur de perdre, je ne parle pas ici de donner seulement de l'argent, je dis donner de l'amour, sans calcul, sans jugement, quand le Bélier ne se limite qu'à sa petite personne, il finit par y perdre puisqu'il se retrouve tout seul avec sa petite personne.

Un Bélier sait improviser, parce qu'il aime le mouvement, le changement, sa planète Mars le pousse à l'action... plus loin... Où sont donc les frontières avec lui? Il n'en voit pas, il ne veut surtout pas en voir. Il croit au pouvoir infini qui réside dans l'humain, il croit à sa force, à son miracle, il lui faut aussi se rendre compte qu'il fait partie du tout, qu'il participe au tout. Il doit mettre son égocentrisme en veilleuse et se souvenir que s'il n'y avait que lui, la terre ne tournerait pas rond, et que si elle suit

BÉLIER

sa marche régulièrement c'est que nous sommes nombreux à activer la roue.

Pour un Bélier moyen il n'est pas facile d'être à la fois responsable de soi et des autres. Il a tant besoin d'attention qu'il lui arrive, inconsciemment, de tout prendre. Inconsciemment ou pas, on finit par devoir payer la facture. C'est comme passer sur un feu rouge; un policier vous a vu, vous ne l'aviez pas vu, et pourtant vous paierez l'amende. Et ce n'est pas seulement dans une incarnation prochaine qu'on paie la facture, mais c'est bel et bien ici que ça commence.

Il vaut donc mieux, par prudence, être conscient maintenant, être attentif aux autres autant qu'à soi plutôt que de regretter de ne pas l'avoir fait.

Voici maintenant un bref aperçu des relations du Bélier avec autrui.

Ses relations avec les autres signes

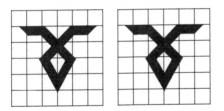

UN BÉLIER ET UN AUTRE BÉLIER

Il y a le feu, de l'imprudence, une passion commune pour l'action, de l'exagération et des grands drames d'un côté comme de l'autre. Ils se pardonnent tout, ils recommencent dès qu'ils s'imaginent qu'ils ont fini d'être ensemble. Deux paires de cornes enflammées, de quoi provoquer un incendie. Ils se lassent l'un de l'autre, l'un reprochant à l'autre de ne pas être comme lui, allant même lui reprocher ses inconstances! Et la balle rebondit inlassablement d'un camp à l'autre! Pas de rancune, ils en sont incapables, ils préfèrent conserver les beaux souvenirs qu'ils ont ensemble. Deux signes identiques. C'est la plus grande évolution qu'on puisse faire; il s'agit du miroir de l'un et de l'autre! Ils peuvent toujours se corriger mutuellement leurs défauts et unir leurs forces.

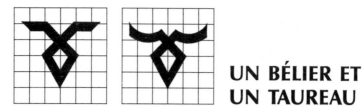

UN BÉLIER ET UN TAUREAU

Voilà la rencontre de deux paires de cornes qui ont besoin de s'ajuster: le Bélier va vite, le Taureau n'est pas pressé! Le Bélier passe d'une idée à l'autre, le Taureau a les idées fixes. Rien n'est impossible, le Taureau prendra de la vitesse, le Bélier se calmera et appréciera la stabilité du Taureau. Le Bélier se sentira rassuré. Le Taureau finira par comprendre que les champs d'action ne sont pas limités et qu'il y a toujours de la place pour une nouvelle conquête.

Le Bélier trouvera parfois ennuyeuses la répétition de gestes et les habitudes du Taureau, il a besoin d'excitation. Un Taureau amoureux est bien capable quand il l'aura décidé, naturellement, de se mettre à bouger si vite qu'il épatera le Bélier. Le Bélier, signe de feu, est de la dynamite express, et le Taureau, un signe de terre, est solide et vous pouvez compter sur lui à partir du moment où il sait que vous l'aimez.

UN BÉLIER ET UN GÉMEAUX

Ils sympathisent immédiatement. Le contraire est rare. Le Bélier est un signe de feu, et le Gémeaux, un signe d'air; l'air attise le feu, le feu réchauffe l'air. Ils discuteront beaucoup. Les deux s'accrochent les pieds dans les détails et voilà le drame, des portes qui claquent. Le Gémeaux ira prendre l'air, le Bélier escaladera une montagne. Ils ne savaient pas, mais les voilà de nouveau sur la même montagne. Le Bélier a fait des détours, mais il est allé vite; le Gémeaux a plané, et de loin, sans le laisser voir, il suivait le Bélier!

Deux vrais enfants d'école... ils aiment bien d'ailleurs faire ensemble l'école buissonnière! Ils s'attacheront l'un à l'autre, et plus qu'ils ne voudront se l'avouer mutuellement. Les voilà tout à coup au bord d'une séparation. Le Bélier souffre, simule l'indépendance; le Gémeaux, qui a tout observé du comportement de cette pseudo-libération, aura le mot précis et le sourire coquin qui feront que le Bélier, ne pouvant résister à tant de charmes, se précipitera pour l'embrasser et voir de plus près le clin d'oeil complice.

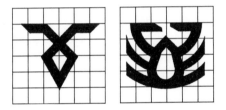

UN BÉLIER ET UN CANCER

Un signe de feu et un signe d'eau. L'eau éteint le feu. Le feu fait bouillir l'eau, comme il peut la garder tiède. L'eau pourra s'évaporer doucement. Le Bélier avance, le Cancer recule. Le premier ne ménage pas ses mots, l'autre ne veut pas blesser. L'entente n'aura rien de facile. Le Bélier voudra de l'action et le Cancer trouve qu'il y en a bien assez comme ça, et souhaite qu'on enfile les pantoufles... Le Bélier les jette par la fenêtre, le Cancer pleure! Deux signes cardinaux, deux signes de chef. Le Bélier, plus directement; le Cancer, subtilement.

Le Bélier n'arrive pas à comprendre les subtilités du Cancer et le Cancer supporte mal qu'on puisse être aussi indélicat.

BÉLIER ET LES AUTRES SIGNES

Le Cancer est le symbole du foyer familial; aussi le Bélier, qui aime se retrouver en famille, aura-t-il bien du mal à se séparer de celui qui lui rappelle toujours la douceur et la sécurité du foyer. Là, au moins, le Bélier n'aura pas à se battre... mais il risque de s'ennuyer. Le Cancer est un romantique, un tendre, il arrose les fleurs pendant que le Bélier astique son bouclier! Ils peuvent toujours finir par s'entendre, à la condition de garder une certaine distance, ou d'être suffisamment évolués l'un et l'autre pour bien saisir toute la différence qui marque la vision que chacun a de la vie. Le Bélier devra modérer son feu et le Cancer s'alimenter à plusieurs sources afin de ne jamais se déshydrater.

UN BÉLIER ET UN LION

Le Bélier donne des ordres, le Lion n'en prend pas. Deux signes de feu, dynamisme, foi commune, mais chacun a besoin d'être admiré, aimé, adoré si possible! Lequel doit se plier à l'autre?... Jamais un Lion ne s'inclinera, le roi c'est lui et personne d'autre! Et le Bélier se fâchera, mais comme il oublie ses rancunes, il reviendra sans faire allusion à la dernière scène. Le Lion alors, en bon roi, traitera bien le sujet qui l'a bien servi et qui revient dans sa «cour»! S'il s'agit d'une amitié, elle peut durer toute une vie. En amour, ce sera alors une passion et l'un et l'autre devront faire l'effort de la soutenir pour l'un et pour l'autre et ne pas se dire que c'est l'autre qui doit le rendre heureux. Il leur arrive à chacun de croire que c'est l'autre qui doit le rendre heureux! C'est le devoir de chacun, alors que chacun préfère croire que c'est le devoir de l'autre!

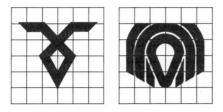

UN BÉLIER ET UNE VIERGE

Ils se parlent, mais ils ne s'entendent pas. Il leur faut parfois une «grosse» difficulté pour qu'ils en arrivent à s'expliquer. Le Bélier est un signe de feu, il est prompt; la Vierge, un signe de terre régi par Mercure, réfléchit avant d'agir, pèse, mesure, ce qui, pour le Bélier, est une véritable perte de temps. Ils ont beaucoup à s'apprendre mutuellement, mais avant d'avoir leur diplôme final, ils devront passer par plusieurs étapes. En arriver à une harmonie parfaite ou presque... n'a rien de simple, mais rien n'est impossible si le signe de terre de la Vierge ne jette pas trop de terre sur le feu qui s'éteint alors et qui meurt... au point de perdre le goût de l'action.

La Vierge devra accepter le feu qui tantôt réchauffe et tantôt brûle! Elle devra cesser de réfléchir aux mots passion et spontanéité et les vivre sans se poser de questions. La Vierge, qui est un signe de travail, devra s'arrêter de temps à autre et faire comme le Bélier: goûter, dévorer ce qui est bon et agréable à vivre, sans se poser de questions. Le Bélier ferait bien d'écouter les sages conseils de la Vierge, sa prudence peut lui être d'un grand secours.

BÉLIER ET LES AUTRES SIGNES

UN BÉLIER ET UNE BALANCE

Ils seront fortement attirés l'un vers l'autre, mais rien ne garantit que ça durera. Ils peuvent aussi trouver leur équilibre et se compléter, puisqu'ils sont l'un en face de l'autre sur la roue du zodiaque. Il s'agit de deux signes cardinaux, deux «généraux», le Bélier, directement, et la Balance, avec un beau sourire entre les dents! Le Bélier est un signe de feu et la Balance, un signe d'air. L'air attise le feu. Le feu réchauffe l'air, mais s'il y a trop de feu dans l'air, l'air devient irrespirable. Le Bélier est régi par Mars, le combat; la Balance, par Vénus, l'amour dans un signe d'air, l'amour et la conciliation. Le Bélier ne fait pas de quartier, la Balance discute! Le premier fait rapidement justice, l'autre délibère. L'un fonce sans hésitation, l'autre sert de contrepoids d'une même affaire. Le Bélier est un instinctif sensible et la Balance, une raisonneuse sensible. L'instinct et la raison peuvent se heurter, mais ils peuvent se rencontrer sous le thème de la sensibilité.

UN BÉLIER ET UN SCORPION

Deux signes de Mars, qui font la paire quand ils se lient en vue d'un objectif commun. Ils sont tous deux ambitieux. Le Bélier est pressé, le Scorpion est prudent dans son empressement. Le premier voit à court terme, l'autre, à long terme. Le Bélier fonce imprudemment, le Scorpion peut lui servir une mise en garde. Le Scorpion s'angoisse, alors le Bélier lui suggère de ne pas trop s'en faire. Ils s'influencent ainsi l'un l'autre. Il ne faudrait jamais que le Bélier s'avise de tromper le Scorpion. Ce dernier peut attendre vingt ans s'il le faut, mais il finira par donner une leçon au Bélier qui se souviendra soudainement à ce moment-là. Le Scorpion ferait bien de ne pas tourmenter le Bélier, ce dernier étant plus vulnérable qu'il le laisse paraître.

Le Scorpion est un puissant signe d'eau, et l'eau peut éteindre le feu du Bélier. Amicalement, ça peut durer toute la vie. En amour, il y a danger. Le Bélier, par son feu dévorant, réclame de l'attention. Le Scorpion ne sent pas le besoin de répéter ses démonstrations et ses preuves d'amour, il est un signe fixe, il reste fidèle au poste. Le Bélier devrait deviner qu'il n'a pas changé d'avis, et éviter de l'impatienter en insistant. Le Scorpion n'agit que quand il a décidé de le faire. Si, à tout hasard, le Scorpion claque la porte, il faudra au Bélier de nombreux coups répétés pour qu'il la rouvre, et rien n'est certain avec le Scorpion. Ils peuvent s'aimer follement et longtemps si le Bélier respecte les silences méditatifs du Scorpion, et si le Scorpion accepte les inconstances et les quelques caprices du Bélier.

UN BÉLIER ET UN SAGITTAIRE

Voilà une paire de signes de feu très à l'aise! Le Bélier s'emballe, mais le Sagittaire réduit la flamme sans la faire trop vasciller, sans la mettre en danger. Le Sagittaire a le goût de faire des choses, et le Bélier le stimule à l'action, et le pousse toujours plus loin vers les hauteurs, vers la réussite. Le Sagittaire a besoin de liberté, d'espace, de distance entre lui et l'autre, et le Bélier peut l'accepter de la part du Sagittaire. Ce dernier connaît instinctivement les mots qui rassureront le Bélier sur son retour. Le Sagittaire a la sagesse, du moins la plupart du temps, et le Bélier, encore enfant dans le zodiaque, a besoin de ses conseils. Si le Sagittaire se fait vieux, neuvième signe du zodiaque, le Bélier, premier signe du zodiaque, saura le rajeunir. Ils peuvent s'aimer toute une vie; ils pourraient se séparer, mais très souvent ils se retrouvent, en se disant encore une fois pour toujours.

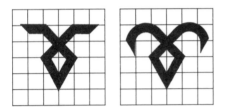

UN BÉLIER ET UN CAPRICORNE

C'est un véritable mystère de la nature! Comment ont-ils fait pour se rencontrer? Ils sont si différents! Le Bélier, signe de feu, chaleur intense, le Capricorne, signe de Saturne, froid concentré. Après tout, le feu ne fait-il pas fondre la glace? Danger! La glace fond, fait de l'eau et éteint le Bélier. Le Capricorne, signe de terre. Jetez de la terre sur le feu, le résultat est le même au bout du compte. Rien n'est impossible si le Bélier est prêt à écouter la morale du Capricorne, à respecter sa prudence et sa lenteur, et si le Capricorne est prêt à tolérer les humeurs inconstantes et les sursauts d'énergie du Bélier.

Rien n'est impossible si le Capricorne se fait tolérant au maximum et si le Bélier veut bien céder du terrain de temps à autre. Le dialogue ne sera pas facile: le Capricorne dit un jour... le Bélier dit tout de suite... Mais ils finissent par se retrouver. Le Bélier, demeurant toujours jeune et plein d'espoir pour l'avenir, rencontre le Capricorne quand celui-ci se met à rajeunir en vieillissant. Ils peuvent alors faire la paire.

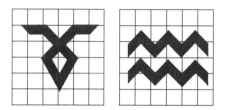

UN BÉLIER ET UN VERSEAU

Voilà un signe de feu et un signe d'air. L'air attise le feu, le feu réchauffe l'air, tout comme il peut l'envahir au point qu'il devienne irrespirable. Le Verseau, le moins fixe de tous les signes fixes, plaît au Bélier qui a besoin d'action, de mouvement. Il a ce petit côté dictateur contre lequel le Bélier peut se rebeller. Voilà qu'ils ont une bonne prise de becs, qu'ils se disent leurs quatre vérités et voilà aussi que ni l'un ni l'autre n'entretient de la rancoeur. Le Verseau a carrément tout oublié de la scène, et le Bélier, qui est plein d'espoir, ne tient absolument pas à se souvenir!

Ils font la paire. Ils sont bien ensemble. Une sorte de respect amical les anime, qui fait que leurs chemins finissent toujours par se croiser, et quoi qu'il se passe entre eux, ils ne retiennent aucun mauvais souvenir. En amour, le Verseau peut trouver le Bélier bien exigeant et le Bélier trouver que le Verseau est trop souvent absent, mais ils peuvent s'accommoder. Le Verseau étant absent, il fait abstraction des demandes du Bélier et le Bélier, vu l'absence du Verseau, ne fait bien que ce qui lui plaît. Ils sont doués pour faire la fête ensemble. On peut savoir le moment où la fête commence, mais on ignore quand elle finira. Dans certains cas ça dure toute une vie!

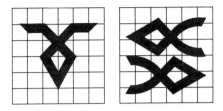

UN BÉLIER ET UN POISSONS

Encore une fois nous avons ici le feu du Bélier et l'eau du Poissons. Le feu fait bouillir l'eau, elle déborde et éteint le feu, ou alors l'eau s'évapore si le feu du Bélier ne sait pas maintenir la température et laisser le Poissons s'alimenter à ses sources humides de l'affection détachée de toute passion consumante. Le Bélier étant surtout centré sur lui-même et le Poissons, concerné par l'humanité, il leur sera bien difficile d'avoir un même point de vue sur un même sujet. Le Bélier s'accroche aux artifices, alors que le Poissons devine ce qui se cache derrière toute chose. Le Bélier n'acceptera pas d'être prévenu et le Poissons n'interdira rien puisqu'il conçoit que chacun doit vivre ses expériences personnelles pour connaître sa route.

Le Bélier est un signe de feu, un signe cardinal, qui donne beaucoup d'ordres dans une même journée. Le Poissons est un signe double qui entend, mais qui n'observe aucune directive, trop occupé qu'il est à vivre soit dans ses rêves, soit dans une réalité qui l'empêche de vivre ses rêves. Rien n'est impossible si le Bélier accepte les idées larges du Poissons et son sens de l'infini en toutes choses, et si le Poissons accepte la dimension bien terrestre et volcanique du Bélier. Le Bélier n'accordera pas beaucoup de repos au Poissons car il désirera qu'on s'occupe de lui, ce qui peut déranger le Poissons au milieu de ses pensées et finir par l'agacer. Le Bélier trouvera que le Poissons est distant... le Poissons réalisera que le Bélier est trop exigeant!

Le Bélier et ses ascendants

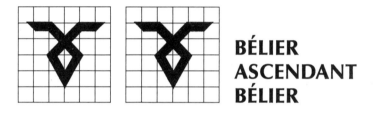

**BÉLIER
ASCENDANT
BÉLIER**

Double signe de feu, deux paires de cornes, double signe cardinal, signe de commandement, un chef et rien d'autre! C'est un passionné, un violent même, en amour comme en affaires. Rien ne l'arrête, et sur plusieurs fronts à la fois. Une seule entreprise ne lui suffit jamais, et un seul amour, très difficilement. Si, par exemple, on le plaçait dans le contexte du cinéma, eh bien! il serait le réalisateur, l'acteur, le producteur, le metteur en scène, le cascadeur et sa propre doublure pour en rajouter!

C'est un signe de feu, donc un être magnétique qui attire à lui, qui fait venir à lui, qui impose par sa seule vibration. Il ne supporte pas qu'on lui résiste, et si une résistance se présente il la fait sauter et ce n'est pas long!

Il veut se faire aimer, se faire adorer de préférence! C'est un égocentrique qui n'admet aucune de ses erreurs: comment, lui,

31

un être aussi parfait, aussi capable de tout, pourrait-il en commettre une! Impensable! Tout simplement impensable!

Très habile au chantage, il sait parfaitement jouer avec vos cordes sensibles pour vous faire faire ce que son Gros Moi désire. Lui d'abord, et tant mieux si ça vous fait plaisir.

Excessif, il ne cesse de bâtir; rien n'est jamais assez gros, ni assez puissant. Ambitieux, il l'est sans commune mesure.

Il lui faut ouvrir les portes devant lui, à la dynamite, si nécessaire, dynamite intellectuelle de préférence!

Sa deuxième maison est celle du Taureau, l'argent. Il a généralement toujours peur d'en manquer. L'argent le sécurise, il lui en faut beaucoup. L'argent réussit parfois à combler chez lui un vide affectif, l'amour qu'il n'arrive pas à trouver au gré de ses désirs. Cette position ne le rend pas particulièrement généreux. Il serait du type économe qui a toujours l'air de tout dépenser, mais allez-y voir de plus près... Vous voilà en train de payer la note parce qu'il vous a fait un beau sourire et que Bélier-Bélier a décidé qu'il fallait bien rembourser sa complaisance!

Sa troisième maison est celle du Gémeaux. Il se fait des amis partout. Il est intellectuellement curieux, capable d'apprendre au-delà de la moyenne des gens. Vif d'esprit, il peut répondre à n'importe quoi et à n'importe qui. Les mots ne lui font pas peur. Il en a même la maîtrise dans le secteur où il s'est spécialisé. Autant il peut vous tenir un long discours, tout autant il est capable de vous faire parler pour découvrir ce qu'il a besoin de savoir sur vous. Il est même tellement curieux qu'il cherche à fouiller dans l'intimité de ceux qu'il connaît pour apprendre comment ils vivent en dehors de ce qu'ils laissent paraître.

Sa quatrième maison est celle du Cancer. Il aime la famille, il y est attaché malgré ses airs d'indépendance. Ses oeuvres, ses réalisations ont le plus souvent pour but de léguer à ses enfants, à sa famille le pouvoir qu'il a acquis. Cette quatrième maison étant en aspect négatif ou de conflit avec le Bélier, il arrive souvent que le natif se retrouve avec des problèmes familiaux importants. Une sorte de lutte de pouvoir peut s'engager entre lui et ses enfants. Il leur apprend à «se tenir debout» mais, au fond, il n'aimerait surtout pas qu'on le dépasse malgré tout l'amour qu'il peut porter à sa progéniture. Double signe cardinal ce Bélier-Bélier, pour un régime dictatorial, c'est le signe idéal. Demandez-lui donc s'il est dictateur. Il vous répondra non, mais qu'il faut toujours un chef quelque part et que lui il sait s'imposer, pur hasard! Il est né chef et si un Bélier-Bélier n'arrive pas à s'imposer en tant que chef, patron, premier quelque part, vous avez là un Bélier-Bélier bien malheureux frôlant de près la dépression.

Sa cinquième maison est celle du Lion, l'amoureux, celui qui fait ou qui admire les arts et y apporte une sérieuse contribution. Cette position parle des enfants du natif, quand il en a, bien sûr; encore une fois revient ici l'idée qu'il demandera à ses enfants de briller... Attention, qu'ils ne lui fassent pas d'ombre quand même. Avec de bons aspects, il y a de fortes chances que l'un d'eux, ou plusieurs réussissent à se tailler une place au soleil. Le ou les enfants auront pris leur place et le Bélier-Bélier sera alors béat d'admiration pour celui ou ceux qui auront réussi, non pas à être de ceux qui regardent la parade de la vie, mais qui la font.

Sa sixième maison est celle de la Vierge. Il n'a pas peur du travail, il y mettra le temps qu'il faut pour bâtir. Encore une fois revient l'idée de l'économie. Il ne gaspille pas. Il est prévoyant, bien qu'il donne souvent l'apparence de ne pas penser plus loin que son nez. Astucieux, il peut vous dérouter quand il a besoin de vous et que vous lui refusez quelque chose, au point que vous céderez sous la pression subtile de son insistance tout aussi subtile, ou alors vous aurez peur de ses insinuations menaçantes! Il possède également une grande résistance physique. La maladie, quand elle l'atteint, a peur de lui... le feu la brûle. Ce natif a, par ailleurs, des peurs irraisonnées de tomber malade... Qu'il cesse de s'en faire, je le répète la maladie a peur de lui.

Sa septième maison est celle de la Balance. Naturellement, ce natif cherchera le partenaire idéal, une personne alliant l'intelligence et la beauté. Il sera sélectif tout en ayant l'air de désirer plusieurs personnes. Aussi indépendant puisse-t-il être, il est généralement incapable d'éviter le mariage ou les unions, il aime aimer, il aime se savoir aimé, pardon adoré! Pour le garder, il faut déployer une grande passion et ne pas lui assurer que vous êtes totalement gagné et en même temps lui faire savoir que vous l'êtes. Il a un faible pour les points d'interrogation sentimentaux, ça lui permet de reconnaître qu'il y a là un défi à relever.

Sa huitième maison est celle du Scorpion: la mort. Il la défiera. Toujours sans en avoir l'air, il se posera de multiples questions à ce sujet. Il pourra même s'adonner à un moment de sa

BÉLIER ET SES ASCENDANTS

vie à la recherche métaphysique, aux questions existentielles, et, selon les planètes situées dans ses différentes maisons, il trouvera ou non les réponses qu'il cherche. En réalité, il cherche Dieu dont il finit par accepter la réalité omniprésente dans la deuxième partie de sa vie «avancée» ou «mature». Son évolution se fait à travers la matière; tout d'abord il lui faut gagner sur la matière, c'est vital ensuite, il prend le temps de s'adonner à de profondes réflexions.

Sa neuvième maison, située ordinairement dans le signe du Sagittaire, lui donne sa perpétuelle exaltation, la chance est présente, elle l'attend toujours dans un détour et le rattrape même quand il croit que tout est perdu. Il obtient facilement des contacts avec les personnes en vue, et ses rapports avec les gouvernements ne présentent aucune difficulté. Il aime voyager, mais il revient toujours. En bon Bélier qui se respecte, il décide, souvent à la dernière minute de partir. Tout attire cette personnalité, aussi bien le cinéma que la politique. Quoi qu'il fasse, il fait toujours un peu théâtre là où il passe; vous ne l'oublierez pas, même après ne l'avoir vu qu'une fois.

Sa dixième maison, naturellement dans le Capricorne, en fait une personne capable d'atteindre le sommet qu'elle s'est fixé, le temps jouant toujours en sa faveur. Dans toute son impatience de double signe de feu, il est tenace dans son éparpillement, il a toujours un plan pour ramasser tous les morceaux du casse-tête et même en faire une oeuvre d'art! Premier prix de composition et d'ingéniosité! Cette dixième maison entrant en conflit zodiacal avec le Bélier, il y a possibilité que ce natif bifurque de sa vocation première, ou du moins de son désir premier, le hasard et la chance jouant en sa faveur au bout du compte. Il sait être opportuniste et voir là où sont ses plus gros intérêts. Il a pu vivre quelques conflits d'autorité avec son père, et lui-même en tant que père aura tendance à perpétuer le conflit. Il devra donc surveiller cet aspect de sa nature et éviter les erreurs d'autorité de son propre père. Il aura sans doute oublié qu'on l'a obligé, les Béliers souvent oublient ce qui ne leur a pas plu, mais sans s'en rendre compte ils reprennent le chemin de leurs racines paternelles.

Sa onzième maison, située dans le signe du Verseau, le rend sociable et peut lui apporter, à un certain moment, la chance d'être reconnu auprès d'une masse qui correspond à son milieu, à son travail. Ce natif supporte mal de passer inaperçu. Avez-vous déjà vu un dictateur ne pas se faire entendre? On le voit de loin, en bien ou en mal, mais vous l'aurez vu, reconnu, remarqué. Cette maison étant en bon aspect avec son Soleil de Bélier, le natif sait fort bien reconnaître qui sont ses vrais amis. Il a peut-être l'air d'apprécier tout le monde, mais il n'en est rien au fond. Il fait semblant de ne pas voir qui est contre lui et, aussi astucieux puisse-t-il être, il s'arrangera pour que son ennemi ou son compétiteur, ait besoin de lui et lui soit finalement redevable.

Sa douzième maison, dans le signe du Poissons, peut lui faire commettre de nombreux excès et, dans certains cas, le rendre malhonnête. Puis tout à coup vous verrez ce natif se transformer en saint, ce qui peut surprendre. Son évolution peut se faire quasi spontanément, effet-éclair, la plupart du temps après une épreuve. À partir de là, la limite n'est plus matérielle, c'est le ciel!

Toute cette puissance qui l'habite peut aussi le détruire, il n'est jamais satisfait. Avec le Scorpion il bat les records de suicide, sauf que dans le cas du Bélier-Bélier il y aura une fanfare, des étincelles, une explosion, une bonne douzaine de ses amis auront été avertis. Il ne le fera pas tout de suite, il espérera qu'on insiste pour le garder en vie, ce qu'on fera mais... un beau jour, plus personne n'aura envie d'entendre ses lamentations. Hop! le suicide est réussi, et comme il sera spectaculaire on en parlera. Le suicide est un acte interdit par la loi divine. Bélier-Bélier ferait bien de méditer là-dessus car le prix à payer dans la prochaine incarnation, m'a-t-on dit, (message du ciel) est fort coûteux. Et quand le feu d'un Bélier-Bélier disparaît, ça laisse un vide tellement grand! Et ceux qu'il réchauffait, que feront-ils?

On ne s'ennuie pas avec lui, le dynamisme est sa marque. L'audace, l'inédit, l'innovation. Il est dévoré de passion, ne l'oubliez pas, et il a continuellement besoin d'alimenter son feu.

Premier signe du zodiaque, double premier signe du zodiaque, bébé malin, affamé d'amour, ses sourires sont une promesse, mais faites-la-lui tenir tout de suite car, comme un bébé, demain il aura autre chose en tête et autre chose à faire, et il vous aura oublié là!

Bien qu'agressif, ce double signe de feu ne veut jamais être méchant et quand il l'est c'est bien malgré lui, c'est qu'il a parlé vite, «à travers son chapeau émotionnel»! Il le sait fort bien quand il va trop loin et il est assez intelligent pour se reprendre et faire le bon geste pour se faire pardonner.

Il met du temps pour atteindre la sagesse et il faut qu'il soit bien décidé pour y arriver. Comme il a horreur de s'ennuyer, il est prêt à provoquer des tempêtes pour créer de l'action qui peut tout aussi bien être physique, qu'intellectuelle.

Si vous en avez un chez vous, n'ayez jamais peur de lui dire ce que vous pensez de lui, il ne se gêne pas, lui, après tout. Et faites-lui remarquer que vous le traitez comme il vous traite. Là, vous marquerez un point et peut-être réussirez-vous à le ramener plus vite sur le chemin de la sagesse. Et peut-être réussirez-vous à lui faire comprendre qu'il n'a pas à calculer sa générosité. S'il veut passer pour un saint, qu'il le soit vraiment. Qu'il soit bon avec ceux qui ont vraiment besoin, et qu'il n'y ait pas de gloire à en retirer, sauf celle d'être satisfait de lui-même. Être approuvé c'est bien, être approuvé par soi, être satisfait de soi, être bien dans sa peau, être vrai de la tête au pied, c'est rendre les gens à l'aise, c'est faire leur bonheur. Donner, c'est multiplier les cadeaux à recevoir, c'est une loi cosmique, une loi divine. Ce double signe de feu est attachant par son emballement. Il possède en lui cette faculté d'être un enfant émerveillé, de vous surprendre et de vous faire sourire quand il ne vous fait pas rire aux larmes!

BÉLIER ASCENDANT TAUREAU

Voilà un être gentil, mais qui a lui aussi une double paire de cornes. Plus calme que le Bélier-Bélier, plus pacifique peut-être aussi parce qu'il essuie plus de peine dans sa vie! Il est moins gâté en général, il doit mener une lutte pour mériter ses médailles. Il est tantôt bon et donnant, tantôt prenant et égoïste. Il mène à la fois une lutte intérieure entre le détachement et la possession.

Votre Soleil, en étant Bélier ascendant Taureau, se retrouve dans votre douzième maison, la maison des épreuves, la maison de la réflexion, la maison des grandes transformations psychiques et aussi celle de la grande sagesse.

Il y a une contradiction dans tout cela: en tant que Bélier-Taureau, le sujet a peur de manquer d'argent et il s'inquiète plus qu'un autre de savoir si demain il aura autant qu'hier! Ce natif a un comportement qui tantôt le pousse à économiser au maximum, tantôt à tout dépenser d'un seul coup, certain que le ciel pourvoira à ses besoins et ça arrive le plus souvent.

La sagesse dit que lorsqu'on fait confiance à Dieu, à l'Esprit universel, nommez-le comme vous le voulez, on ne manque de rien. Notre Bélier ascendant Taureau a son côté mystique très

BÉLIER ET SES ASCENDANTS

croyant et son côté «doute», à savoir si Dieu accomplira le miracle... et Dieu, pour lui, le fait.

Le Bélier est un signe cardinal et le Taureau, un signe fixe; alors, quand il s'engage sur une voie, c'est rapidement et pour longtemps! Le Bélier est celui qui donne des ordres et le Taureau celui qui n'en prend pas. Essayez donc alors de lui donner un conseil. Juste pour voir. Il dira oui, d'accord, mais il n'en fera qu'à son idée! Et il reviendra vous voir s'il s'est trompé, s'il a commis une erreur parce qu'il ne vous a pas écouté et il aura cette humilité d'avouer sa défaite. Ce Bélier-Taureau en est bien capable.

Le Bélier est régi par Mars et le Taureau, par Vénus. Vous avez donc là un être de «chair» qui aime tout ce qui est bon, agréable, cher, luxueux même. Sensuel, il aime que l'on comble ses appétits.

Nous sommes en présence de deux signes qui font partie de la première phase de l'évolution de la conscience. Nous avons là un être qui ne se rend pas toujours compte qu'il est égocentrique, narcissique et peut-être même pas mal égoïste par certains côtés, du moins dans la première partie de sa vie. Mais certains s'en guérissent très bien. Le monde a été créé pour lui, pour son bonheur, mais ce n'est pas du tout le genre de conversation qu'il aime qu'on lui tienne. Bien au contraire, il vous dira qu'il est prêt à faire n'importe quoi pour plaire aux autres. Mais, au fond, si vous grattez bien, vous verrez que c'est pour se faire plaisir, pour qu'on lui fasse plaisir ensuite. Il a une grande qualité de coeur dans tout ça, il sait parfaitement le reconnaître quand vous lui avez rendu service et il tiendra à vous rembourser d'une manière ou d'une autre. Il pourrait cependant mettre du temps avant de le faire, le Taureau à l'ascendant le rend lent.

La deuxième maison de ce natif est dans le signe du Gémeaux, ce qui peut le rendre fort dépensier, susciter chez lui un désir irrésistible de s'offrir du luxe, de nombreux luxes et parfois aussi des pacotilles, bien que l'ascendant Taureau lui fasse aimer le beau et le cher. Mais il lui arrive aussi de se récompenser avec des choses de peu de valeur, de s'offrir aussi une compensation pour ses insatisfactions intellectuelles quand il n'arrive pas à tout comprendre ou quand il vit des périodes de solitude, ce qu'il n'apprécie guère. Il vous dira lui-même qu'il est fait pour l'amour, ce qui n'est pas faux! Mais il est pressé qu'on l'aime, il est pressé d'aimer, et cela peut parfois le faire tomber dans le mauvais «panneau». Il arrive à ce natif d'être plus ou moins bon dans le domaine de la spéculation financière. Il possède un côté naïf, et il est facile de l'étourdir en se servant de sa raison, tout en jouant avec son coeur sans qu'il s'en rende compte. Quand vous lui parlez d'argent, de contrat, voilà qu'il réfléchit en même temps que vous parlez. Résultat: il n'a pas tout retenu! Et il se retrouve en train de payer, ce qu'il n'avait pas prévu. Il gagne souvent de l'argent dans un monde de communication où il y a une circulation de gens et des têtes nouvelles à observer. Il aime aussi «barguiner» pour son seul plaisir, car il achète rarement ce pour quoi il négocie! Ça ne vaut plus assez cher une fois qu'il a obtenu un rabais!

Sa troisième maison est celle du Cancer. Intérieurement, ce natif a toujours l'impression qu'il devrait déménager, aller ailleurs, que ce serait mieux ailleurs. Il a du mal à se satisfaire de son chez-soi. Bien que très attaché à la famille, il peut s'y tenir à distance; il peut aussi l'avoir quittée très tôt dans sa jeunesse, à la fin de l'adolescence ou à l'adolescence même. Il a besoin d'élargir ses horizons tôt dans la vie. Il a peur d'être coincé. Autant il a le goût de la liberté, autant il aime la stabilité, et il n'est pas facile de vivre avec les deux à la fois. Il lui faut du temps pour s'ajuster et faire le pont pour équilibrer les deux tendances.

Sa quatrième maison est celle du Lion, de la famille, de l'amour, des enfants, et vous l'entendrez rarement dire du mal de ceux qu'il aime. Bien au contraire, il voit sa famille d'un oeil émotionnel et ne se rend pas compte qu'elle peut provoquer un blocage dans sa créativité, ses aspirations. La mère joue un rôle important dans la vie de ce natif; elle est le plus souvent un modèle dans le cas d'une femme et, pour un homme, il y est si attaché qu'il peut avoir du mal à accepter qu'une femme ne ressemble pas à sa mère. La mère du natif est une protectrice avec laquelle il a rarement des conflits, à moins que de très mauvaises influences de sa carte natale ne l'indiquent. Ses enfants, quand il y en a, sont poussés de l'avant, mais ils peuvent aussi être possédés de façon exagérée. Le natif est à son tour protecteur, trop «couveur» et il risque d'entraver ou de retarder la liberté d'action des siens. Sa famille est souvent une famille plutôt à l'aise qui l'éduque en fonction du confort et qui lui suggère de se trouver un conjoint sans problèmes, une fille ou un gars bien, qui a de bonnes racines, princières de préférence!

BÉLIER ET SES ASCENDANTS

Sa cinquième maison est celle de la Vierge. Cinquième maison, maison de l'amour. Vierge, signe du travail. Il arrive aussi très souvent que le natif rencontre l'amour sur les lieux du travail ou très près. Les amours seront compliquées, du moins dans la première partie de la vie. Le natif discutera trop longuement des qualités et des défauts du partenaire qu'il rencontre. Il l'auscultera. Le décortiquera jusqu'à «l'os» intérieur. Il peut aussi finir par décourager l'autre par trop d'exigences involontaires. L'amour qui se sent imparfait prend la fuite ou se trouve des raisons pour s'éloigner... à la longue, c'est pénible de n'être jamais à la hauteur. Ici le jeu des relations amoureuses est subtil et le sujet se rend à peine compte de son attitude méticuleuse à vouloir que l'autre soit fait et agisse selon sa mesure. Bien que de nombreux natifs de ce signe aient des enfants, nombreux sont ceux qui n'en font pas, n'en veulent pas pour différents motifs personnels, et parfois à cause de circonstances incontrôlables qui marquent leur vie. Advenant qu'il n'en ait pas, il aura toujours pour l'enfant un profond respect. Dans le cas d'une femme qui n'a pu en avoir, elle ressentira tout au fond d'elle-même une sorte de regret, de nostalgie de n'avoir pu vivre la maternité.

Sa sixième maison est celle de la Balance, sa maison de travail. Le natif aura très souvent des rapports avec le monde des arts, de l'esthétique, du théâtre, de la justice. Il pourra même devenir avocat ou travailler pour des avocats. Tout dépend naturellement du système planétaire dans son ensemble. Cette personne est minutieuse au travail, recherchant à la fois l'efficacité et la beauté. Elle essaiera d'entretenir de bonnes relations avec son entourage, mais il peut arriver qu'elle se fasse des ennemis, bien malgré elle, simplement parce qu'elle aura dit une vérité que justement on n'avait pas envie d'entendre. Elle aime la vérité et les relations franches, ouvertes et parfaitement honnêtes, sauf que tout le monde n'est pas comme elle. Elle devra apprendre à laisser tomber, à ne pas se mêler des affaires d'autrui, à ne pas offrir ses services avant qu'on la sollicite. Malheureusement elle paie de sa générosité. On la remercie mal. En réalité, en offrant ses services à l'autre, elle fait sentir qu'elle est indispensable, et la personne qui reçoit peut alors interpréter cela comme un complexe de supériorité de la part du natif. Ce n'est pas tout le monde qui peut apprécier un service gratuit!

La septième maison du Bélier-Taureau est dans le signe du Scorpion, ce qui signifie que l'union peut être détruite par un premier conjoint trop autoritaire, trop sévère, trop jaloux, trop possessif. Un conjoint qui, parfois, ne gagne pas bien sa vie et profite de l'argent du natif. Si ce natif vit un échec dans le mariage, il mettra longtemps avant de s'en remettre. La blessure peut être profonde et le souvenir, vivace, ce qui le rend méfiant face à ses nouvelles rencontres, bien qu'il soit perpétuellement affamé d'amour. Dans certains cas, le natif pourrait même avoir été victime d'une certaine violence de la part d'un premier conjoint. Pour un homme, sa première femme — c'est souvent le cas — aura détruit ses rêves ou les aura assombris. L'exception fait la règle.

Sa huitième maison est en Sagittaire, ce qui annonce une mort douce à un âge bien avancé. Plus le natif vieillit, plus il devient sage, et plus il est apte à conseiller. Plus il vieillit, plus il est chanceux. Il a un profond respect des opinions politiques et religieuses d'autrui. Souvent la chance intervient dans sa vie et la transforme du tout au tout, dans le travail comme dans l'amour. De toute manière, les transformations sont bénéfiques. Un voyage peut souvent être à l'origine, chez lui, d'une grande transformation de vie et même d'une autre manière de penser; un voyage ou un séjour à l'étranger peut développer un grand sens philosophique. Le natif est, la plupart du temps, un grand croyant. Il n'est pas superstitieux et il saisit profondément que Dieu est une omnipuissance avec laquelle il n'a pas à marchander, qui veille sur lui comme sur tout le monde, avec quelques moments de distraction, mais, la confiance règne et lui donne raison.

Sa neuvième maison est dans le signe du Capricorne. Il placera souvent l'étranger, ou les étrangers, sur un piédestal. Il sera fasciné. Capable de vivre seul, bien qu'il ne le désire pas du tout, sa solitude lui apportera la sagesse dont il a besoin pour mûrir. La maturité sera plus heureuse qu'il ne l'aurait cru. Ce natif, quand il poursuit un idéal, le fait honnêtement, de tout son coeur et avec toute sa flamme de Bélier. Comme le Capricorne entre en conflit zodiacal avec le Bélier, il arrive qu'on essaie de le décourager de son idéal, mais ce ne sera pas pour toute la vie; il y revient un jour quand il a mûri et qu'il est sûr de lui. Certains, si des aspects l'indiquent dans leur carte natale, pourront s'engager politiquement au nom d'un idéal.

Sa dixième maison est celle du Verseau. Il aura souvent comme idéal de voir le monde se transformer, devenir tout beau, tout parfait, uni. Il pourra aussi s'illusionner dans sa jeunesse sur ce monde parfait et découvrir qu'il devra changer lui-même parce qu'il n'arrivera pas à réformer l'humanité, à la rendre parfaitement pacifique. En vieillissant, il peut arriver que ce signe s'associe à un mouvement pacifique, ne supportant plus les injustices. Il lui arrivera aussi d'intervenir pour prendre la défense des faibles. Des amis haut placés le protégeront. Il est souvent l'ami des gens qui ont réussi royalement. Il n'enviera pas leur place, il se contentera de respecter et d'admirer leur force. Il peut travailler dans un endroit où il est en contact avec le public et avec tout ce qui relève d'Uranus, médecine moderne, imprimerie, journaux, etc. Il aura un faible pour l'astrologie, pour les sciences occultes, la radio, la télévision.

Sa onzième maison est celle du Poissons. Ce natif, si jamais il s'adonne à la politique, devra être sur ses gardes. Sa naïveté ne lui fait pas prévoir les coups qui peuvent parfois venir par derrière, ni le jeu compétitif qui se joue là. Lui, il fait la paix, il défend un idéal honnêtement!

Il devra surveiller sa circulation sanguine, ménager son coeur qui peut sournoisement créer des problèmes. Mais il saura intervenir à temps. Profondément croyant en Dieu, ce natif, s'il pouvait demander sans douter, obtiendrait du ciel tout ce qu'il désire. Demandez et vous recevrez!

Cette évolution demande qu'il se regarde tel qu'il est, qu'il écoute sérieusement ce qu'on dit de lui, qu'il observe ce qu'il provoque comme réactions chez les autres!

Ce peut être un choc, mais un choc qui lui évitera d'être malheureux en amour. Comme je l'ai dit au début, le Soleil de ce natif se trouvant en douzième maison, cela lui permet, à travers les épreuves, d'atteindre le bonheur, la sérénité, la sagesse. Il fera quelques petits détours, mais ça en vaudra le coup!

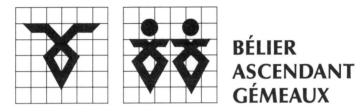

BÉLIER
ASCENDANT
GÉMEAUX

Bélier, signe cardinal de feu, Gémeaux, signe d'air double, voilà quelqu'un qui s'exécute rapidement, sans vraiment trop réfléchir. La chance et l'audace. Parfois, une sorte d'effronterie le porte là où il veut arriver. Le Gémeaux est un signe double, et si une partie commet une erreur, l'autre partie la réparera. Signe de feu d'abord, alimenté par un signe d'air. Qu'arrive-t-il quand l'air souffle sur le feu? Le feu s'élève! Et point de limite!

Cet être aime parler, discuter, rire; la routine le rend malheureux, pour ne pas dire malade. Il est sympathique, séduisant. On aime sa compagnie. Ce n'est pas qu'il dise toujours des choses intelligentes! Non, il lui arrive de dire tout ce qui lui passe par la tête... il est quelquefois girouette... Mais jamais il ne veut être désagréable!

Son message, lorsqu'on le voit pour la première fois est:

«Regardez-moi, je suis une personne importante et vous devez vous en rendre compte!» Cela peut taper sur les nerfs de certains vieux signes sur la roue du zodiaque! Tout le monde ne ressent pas ce besoin de se faire regarder et d'être important, et tout le monde n'a pas envie de s'asseoir en spectateur. Vous pouvez dire franchement à cet individu qu'il prend de la place.

BÉLIER ET SES ASCENDANTS

Il en conviendra, mais ne sera pas vraiment dérangé. Bien au contraire, il sera flatté! Vous l'avez remarqué!

En fait, ce signe peut être un vrai petit génie à trois têtes, une avec le Bélier et deux avec le Gémeaux. Il lui arrive de douter de lui, mais cela ne l'empêchera pas de parler. Mais sa belle assurance n'est souvent qu'une façade pour se sortir de sa peur de ne pas être aimé et approuvé.

Le Soleil de ce natif se retrouve dans la onzième maison, ce qui signifie qu'il est né pour les communications et la multiplication des amis. Il sait également s'en faire en haut lieu, bien placés. Ce natif n'a pas beaucoup de scrupules quand il s'agit de se faire un chemin, il passe, un point c'est tout. Et s'il passe devant vous ou vous dépasse en vous bousculant un peu, il n'a pas de véritables regrets, il se dit en lui-même que vous n'aviez qu'à être plus rapide que lui ou simplement ne pas vous trouver sur sa route. L'intelligence est éveillée et curieuse. Sa famille, c'est l'univers. Il trouve généralement son cercle familial bien étroit. Cette position solaire lui fait adorer les voyages, les départs, le lointain, l'aventure, l'inédit.

Sa première maison, celle de son ascendant Gémeaux, lui donne une allure jeune, pétillante, nerveuse. Il est facilement irrité par un détail, mais jamais pour longtemps. Une contradiction est vite expédiée aux oubliettes. Ce n'est pas un être rancunier, bien qu'il ait bonne mémoire quand on lui fait du tort.

Sa deuxième maison est celle du Cancer. C'est la maison de l'argent. Aussi ce natif sait-il, même s'il est dépensier, mettre des sous de côté. Il sait prévoir pour les jours moins heureux, moins prospères. Dans sa jeunesse il aura peut-être pris certains risques financiers en essuyant quelques pertes, mais il apprend tout de même assez rapidement la valeur de l'argent. Il ne vous le dira pas, parce qu'il aime passer pour quelqu'un de tout à fait libéré de la «matière», mais il a son petit magot, au cas où! Et plus il vieillira, plus le magot prendra forme jusqu'à l'achat d'une maison et de placements sûrs.

Sa troisième maison est celle du Lion. Troisième maison, la parole; Lion, le spectacle. Il n'est pas rare de retrouver ces gens dans le milieu artistique, pour un travail écrit ou parlé. Ils sont fortement attirés par les arts, arts de scène, arts oraux, arts écrits et autres. La voix est généralement belle et porte au loin, ce qui en fait de bons orateurs ou de bons chanteurs, ou encore de bons plaideurs. Ils savent se défendre et défendre les autres quand il y va de leurs intérêts. Il aime bien passer pour une personne non calculatrice, mais il l'est plus qu'il ne le pense lui-même. Le sens de la justice est important pour ce natif, surtout si son honneur ou sa réputation sont mis en jeu; il sait alors fort bien assurer sa défense.

Sa quatrième maison est celle de la Vierge, ce qui implique des déménagements assez fréquents. Ou encore a-t-il deux endroits où loger, comme une maison à la ville et une autre à la campagne? Il aime l'ordre et la propreté dans sa maison. S'il en a les moyens, soyez assuré qu'il fera faire son ménage, sinon la besogne est pour lui, pour le plaisir de vivre dans un endroit bien propre et bien ordonné. Il traverse des périodes où il a envie de ne voir personne. Ce sont des phases de réclusion, de récupération de ses énergies. Il reste chez lui, il lit, s'informe, mange à ses heures et porte des pantoufles! Il ne répond pas au téléphone. Il veut être seul. Ça dure rarement plus de deux ou trois jours, ensuite il a besoin de voir du monde!

Sa cinquième maison est celle de la Balance, sa maison de l'amour, ce qui fait de cette personnalité un être fortement influencé par les arts et l'amour, et de préférence par une personne artiste à aimer. L'amour est au sommet de son idéal et tout est fait de paix et d'aspirations à l'harmonie. Ces natifs ne sont pas particulièrement épris de la vie de famille.

Sa maison cinq représente les enfants. Ce natif aime bien les enfants, surtout s'ils sont sages, et de préférence comme des images, et immédiatement prêts pour la vie. Prendre soin d'un bébé, «pouponner» n'est pas du ressort de cette personnalité. Bien sûr, il peut le faire, mais ce pourrait être une véritable corvée pour lui qui préfère la vie sociale à la vie de famille et au «paternage ou maternage»! Il vous le dira lui-même, chacun son métier... Cette position favorise ses rapports avec la loi, la justice, advenant des problèmes qui doivent être débattus en cours. Simple, il séduira les juges, il saura rougir à temps, répondre et se taire au bon moment. Pour que ce natif s'éprenne sérieusement de quelqu'un, il doit pouvoir l'admirer. Et la personne qui tombera amoureuse du Bélier-Gémeaux ne doit, en fait, lui donner que trois quarts d'assurance-amour... Le Bélier aime tout autant conquérir que se laisser conquérir. Les querelles n'auront, en fait, qu'un but, rétablir la paix et l'harmonie, et quand il y a provocation de la part de ce signe, c'est qu'il commençait sérieusement à s'ennuyer.

BÉLIER ET SES ASCENDANTS

La sixième maison de ce natif est dans le signe du Scorpion. Sixième maison, celle du travail, de la maladie ou de la santé. La personnalité est travailleuse et prête à foncer dans le «tas» pour se faire une route. La santé est généralement robuste, c'est une nature toute faite de nerfs! Quand il tombe malade, c'est sérieux, mais en peu de temps il se remet sur pied. Excessif, il dépense son énergie en quantité surprenante et la récupère de la même manière. Avec cette maison six dans le signe du Scorpion, il n'est pas rare que ce natif ait des relations sexuelles avec des personnes de son milieu de travail; d'autres aspects nous indiquent alors si oui ou non c'est bénéfique. Si des aspects précis l'indiquent, ce natif peut être porté à la drogue ou à abuser de médicaments. Il soigne sa nervosité!

Sa septième maison se trouve dans le signe du Sagittaire. Souvent ce natif choisira comme conjoint ou partenaire une personne qu'il ne peut attacher, qui a besoin d'une grande liberté d'action et qui aime voyager. La position de cette maison, pour plusieurs, peut indiquer deux unions si la première s'est faite trop jeune. Ce sujet attirera à lui mari, femme, amant ou maîtresse, le plus souvent des gens fortunés ou ayant beaucoup de chance. Seule l'exception fait la règle! Advenant, par exemple, que le natif soit marié et qu'il voyage, il aura alors beaucoup de mal à résister aux charmes, avances ou propositions qu'on lui ferait. Il pourra dire que c'était une simple curiosité ou expérience.

Sa huitième maison, celle de la mort, comme celle de la sexualité, se situe dans le signe du Capricorne. Il y a de très fortes chances que ce natif vive très vieux, qu'il soit très résistant et établisse même des records de longévité! Il peut arriver à certains de ces natifs, la carte natale confirme ou annule cet aspect, d'utiliser leurs charmes physiques pour obtenir un poste en vue, mais comme le Capricorne est en aspect zodiacal négatif avec le Bélier, cela peut leur jouer un vilain tour, les circonstances se retournant contre eux. Possibilité que le natif ait vécu d'importants conflits familiaux, particulièrement avec le père, conflit d'autorité, opposition radicale dans la manière de penser.

La neuvième maison est celle du Verseau. Cette personne veut être l'amie de tout le monde et, encore une fois, cette position indique qu'elle attire les gens haut placés qui peuvent, au besoin, lui donner un coup de pouce. L'esprit est ouvert à toutes les cultures et il respecte les différentes manières de vivre sur cette planète. L'individu est curieux, curieux de connaître, fasciné par la nouveauté, attiré par le monde du paranormal, sans oser l'approcher de trop près, jusqu'au jour où il lui est permis de vivre une expérience qui le place devant l'évidence de cette réalité. Il pourrait avoir peur de ce monde invisible qu'il pressent. Il attirera à lui, à un moment de sa vie, une ou plusieurs personnes qui ont des rapports importants avec ce monde invisible où il puisera une connaissance qui lui permettra de chasser ses peurs.

Sa dixième maison est celle du Poissons: deux carrières de front, deux objectifs qu'il peut parfois atteindre, mais il est conseillé à ce natif de centrer ses énergies pour éviter le gaspillage et ne pas se perdre en cours de route. S'il s'éparpille, il risque d'éloigner le moment de sa réussite. Mais, comme tout bon Bélier qui se respecte, il aimerait tout faire, tout de suite et vite.

Sa onzième maison, celle où se trouve son soleil, indique une personnalité «détonante», «explosive» et très magnétique. L'échec est rare quand on naît Bélier ascendant Gémeaux. Le sujet peut, pendant une partie de sa vie, vivre plusieurs petits succès, jusqu'à ce qu'enfin il se décide à prendre une orientation fixe avec un but précis. Il a besoin de vivre de nombreuses expériences pour apprendre et, finalement, quand il sent qu'il a fait le tour, il s'installe.

Bélier et Gémeaux, air et feu. Vous avez parfois droit à des explosions de colère éclatantes, cinématographiques! Et puis hop! Dix minutes après, tout est oublié! Mais pas tout le monde!

Cette personne peut devenir bien capricieuse. Elle est facilement un centre d'attraction, et cela peut la conduire à l'exagération! Là, on commence à ne plus la trouver drôle. Ce besoin d'être important prend parfois des proportions alarmantes, non seulement pour le natif lui-même, mais aussi pour les gens qui vivent près de lui.

Cette évolution n'est pas facile. Il y a une recherche intérieure qui se fait, mais le plus souvent l'être se retourne sur lui-même. Pour se trouver, il faut lever les yeux au-delà de soi. Qui seriez-vous donc sans les autres? Qui êtes-vous si vous ne faites rien pour les autres? Petite morale: tout ce qu'on donne nous revient. Mais, souvent, le Bélier ascendant Gémeaux en doute parce que sa foi est embrouillée et que les valeurs matérielles prennent le dessus. Comment pourrait-il croire à ce qu'il ne voit pas? Le temps joue tout de même en sa faveur et lui permet l'éveil. La méchan-

BÉLIER ET SES ASCENDANTS

ceté est rare chez ce natif, mais il doit développer sa conscience et vivre les conséquences de ses actes face à ce qu'il dit à autrui. Il peut lui arriver de dire des choses vraies, mais qui peuvent être blessantes, marquer pour longtemps celui ou celle qui est en face de lui. Sous une forme positive, il peut faire beaucoup de bien quand sa franchise est utilisée avec diplomatie, pratique qu'il aura à exploiter tout au long de sa vie, mais qu'il peut réussir avec brio.

Sa douzième maison se trouve dans le signe du Taureau, symbole de l'épreuve: soit que le natif subit l'amour ou qu'il profite d'un partenaire sentimental. Le natif devrait méditer sur l'amour et la générosité s'il veut vivre un équilibre sentimental dans un partage d'égal à égal. Cette douzième maison symbolise l'épreuve qui doit être surmontée par une auto-analyse de ses comportements face à ses partenaires ou conjoint.

contrôlant ses émotions. Il arrive que le natif se soumette aux lois et règles que lui impose sa mère, mais un jour il surgit une rébellion si la mère n'a pas su se montrer souple devant la voie que le natif voulait suivre, si elle a fait obstacle ou si, subtilement, elle a réussi à lui faire embrasser une carrière tout autre que celle que le fils désirait au départ.

Sa cinquième maison est celle des arts, des amours, des enfants. Elle se trouve dans le signe du Scorpion. Il peut alors survenir quelques ennuis concernant les enfants. Pour une femme, ce peut être un accouchement difficile. Si d'autres aspects l'indiquent, et que ce natif se soit retourné vers les arts, il pourrait bien y consacrer sa vie. Il est attiré par le monde invisible, la voyance, lui-même possédant la faculté de deviner, d'intuitionner autant ce qui se passe et se passera dans sa vie et dans celle des autres. Il arrive qu'il ait peur de la mort, cette inconnue qui ne vous rend jamais ceux qu'elle vous enlève. Il voudrait bien en percer le mystère, avoir une preuve. Comme il n'y arrive pas, il se range du côté de la foi.

Sa sixième maison est celle du Sagittaire. La maison du travail, qui se trouve dans un signe, peut l'amener à voyager pour son travail. Il devra prendre garde aux «virus» qu'il pourrait contracter à l'étranger. Le plus souvent il travaillera deux fois plus fort que la moyenne des gens, mais il encaissera aussi deux fois plus d'argent que la moyenne! En général, il supporte mal la routine de neuf à cinq, il lui faut de l'action. Il veut avoir l'occasion de s'affirmer, de prendre un certain contrôle. Ce double signe cardinal aime bien commander. Il le fait directement, mais sans agressivité, sans harcèlement.

Sa septième maison, dans le signe du Capricorne, représente le conjoint. Pour une femme, ce sera souvent un conjoint plus âgé ou une personne qui fait figure de père ou qui a la même attitude envers la native. Pour un homme, il se peut qu'il soit attiré par une femme plus âgée ou une femme dont la nature, en plus d'être organisatrice, aurait un côté froid, dont certains natifs Bélier-Cancer pourraient souffrir. La nature du Bélier a grand besoin de chaleur pour vivre et réussir sa vie. Le natif, en fait, inconsciemment ou non, recherche comme partenaire un protecteur ou une protectrice, et c'est d'ailleurs avec une telle personne qu'il se sent bien et évolue harmonieusement. Une différence d'âge entre lui et l'autre offre une sorte de sécurité comme si l'autre, vu l'expérience de temps qu'il a de plus que le natif, saurait pré-

BÉLIER ET SES ASCENDANTS

venir les dangers, préserver et respecter sa jeune personnalité qui est tantôt manifestement sûre d'elle-même et tantôt apeurée.

Sa huitième maison se trouve dans le signe du Verseau. C'est celle de la mort. Dans le signe du Verseau, une mort qui fait parler, une mort surprenante, une mort qui n'a rien d'habituel. D'autres aspects d'Uranus indiquent plus clairement de quel genre de mort il s'agit. Rassurez-vous, la maison de la mort n'indique pas l'âge et l'âge appartient à Dieu et non à un astrologue. Cette position indique le plus souvent que la foi du natif s'active avec l'âge. Qu'il a une perception peu commune et bien à lui de concevoir Dieu et les hommes. Si des aspects l'indiquent, il peut, à un moment de sa vie, se rebeller contre Dieu lui-même, constatant que toute épreuve est une injustice puis, la sagesse du temps faisant son petit bonhomme de chemin, il finit par en venir à accepter ces inégalités.

Sa neuvième maison, qui est celle de la religion, de la philosophie, des grands voyages, se trouve dans le signe du Poissons, ce qui fait que ce natif a presque toujours la sensation qu'il n'a rien vu, ne connaît rien et qu'il faudrait bien faire quelque chose pour les peuples qui souffrent. Il a naturellement le goût de venir en aide au monde entier. D'autres planètes indiquent s'il s'exécutera ou s'il ne fera qu'y penser toute sa vie. S'il est versé dans la foi, il aura le désir de partir comme missionnaire! Il se peut aussi qu'il fasse du bénévolat, qu'il se consacre à des bonnes oeuvres. Peut-être bien que, s'il ne le fait pas, s'il n'obéit pas à ce profond idéal, il en résultera une insatisfaction majeure, comme j'ai pu le constater chez quelques natifs de ce signe et de cet ascendant... qui m'ont répété qu'ils voudraient faire quelque chose d'utile pour les autres, qu'ils y pensent, mais ne le font pas. Il est bien facile de se rendre utile, il suffit d'ouvrir les yeux sur la solitude d'autrui, sur les dépressifs, les grands malades, sur ceux qui sont isolés, de leur tenir compagnie. C'est une grande oeuvre car ils en ont largement besoin.

C'est dans la dixième maison que se trouve le Soleil de ce natif. La dixième maison étant celle de la carrière, le Soleil du Bélier représente la jeunesse. À moins d'aspects négatifs, ce natif commence sa longue carrière tôt dans la vie, souvent même avant la vingtaine. Jeune, il pense en adulte et se rend bien compte que tout le monde ne bénéficie pas des mêmes droits et plaisirs que lui. Il s'éveille tôt à la conscience qu'il fait partie d'un tout

BÉLIER ASCENDANT LION

Double signe de feu. Bélier, signe cardinal, Lion, signe fixe. Ce n'est pas quelqu'un d'ordinaire. C'est du feu, et il est persuadé qu'il brille pour vous plaire, vous réchauffer de son moi et de sa connaissance.

Il sait tout.

Ce peut être parfois pénible de toujours l'entendre dire qu'il sait et qu'on n'a rien à lui apprendre.

Alors, il commettra des erreurs.

Mais, il se reprendra. Son Lion, signe fixe, est un signe qui grandit, qui apprend, qui veut devenir un adulte et qui veut briller dans toute sa perfection. Double signe de feu! C'est toujours très impressionnant! Passionné, authentique, il a horreur du mensonge et il le détecte immédiatement. Il se comporte avec droiture et il veut qu'on se comporte de la même manière avec lui! N'a-t-il pas raison, après tout?

Élevé dans un milieu essentiellement matérialiste qui ne tient nullement compte des valeurs humaines morales, cet être devient un véritable dictateur, une personne à succès. Socialement, il n'y a pas à dire, il réussit. La chance le porte. Il gagne gros et, même s'il perdait, il saurait se refaire rapidement. Ingénieux, habile, magnétique, il trouve toujours quelqu'un pour lui venir en aide, le secourir dans le besoin, alors même qu'il n'aurait rien demandé, mais c'est plus rare. De toute manière, sous son signe de Bélier on ne se gêne nullement pour demander, et avec son ascendant Lion, comment oserait-on refuser à un «seigneur»?

Le Moi est gigantesque, il reconnaît qu'il est quelqu'un de bien et vous feriez mieux de le reconnaître aussi!

Alors, si ce Bélier est élevé sans profondeur, c'est-à-dire à ne croire qu'en ce qu'il voit, qu'en ce qu'il possède, à ne juger les gens que sur leur classe sociale, s'il n'apprend également à ne juger que sur les valeurs matérielles et les possessions d'autrui, sans tenir compte de leurs valeurs intérieures, vous aurez là, quand elle vieillira, une personne ridée, déprimante parce qu'il ne lui restera plus qu'à vous raconter ses exploits financiers et à vous dire: «dans mon temps, MOI»...

Éduqué selon des valeurs morales, notre Bélier-Lion devient un être de lumière que tout le monde aime parce qu'on lui a appris que, être authentique, c'est la meilleure manière de vivre et que pour aimer quelqu'un il n'est pas nécessaire d'être riche d'argent, il suffit d'être riche de coeur. Il saura éclairer tous ceux qui se trouveront sur sa route, il donnera et il recevra.

Portés par une foi aveugle, ses rêves les plus fous peuvent devenir réalité! Pourvu que ses rêves soient bons pour tout le monde, car il a besoin de développer cette conscience qu'il fait partie d'un tout et que, s'il sert le tout, le tout le servira, mais que s'il ne sert que lui-même, qui donc alimentera sa double flamme, Bélier-Lion?

La deuxième maison de ce Bélier, sa maison d'argent, est dans le signe de la Vierge. Ce qui fait de lui un comptable. Entendons-nous: il aime compter de l'argent, calculer, voir combien il possède et comment il pourrait davantage économiser pour devenir plus riche. Ne jouez pas à l'argent avec lui, il n'aime pas perdre. Économe, il peut même devenir avare, ce qui n'a rien d'une qualité dans le cas de ce Bélier. Il vous invite, mais il oublie son porte-monnaie, sauf s'il doit vous impressionner! Parce que ça va rapporter! Il a souvent deux sources de revenus, deux manières de gagner sa vie. Face à l'argent, il peut être profondément insécure. Ils sont nombreux dans notre société capitaliste à croire qu'on ne les aimera que s'ils sont riches et ont une profession qui les comble d'honneurs. Des témoins verront qu'on le salue et il se persuadera qu'il est arrivé! Le Bélier-Lion se laisse facilement prendre à ce jeu. Il est même capable de faire semblant d'y prendre du plaisir.

Sa troisième maison est celle de la Balance. Ce natif aime les gens qui sont beaux, les gens élégants, les superficiels aussi. Mondain par nature, il se fait rarement des ennemis, mais il arrive que certaines personnes se fatiguent de ses jeux de riches. Sa troisième maison, dans le signe de la Balance, juste en face de son Soleil, fait qu'il ne garde pas trop longtemps les mêmes amis: quand on se fait trop souvent dicter sa conduite, on s'esquive, on s'excuse, on a autre chose à faire. Ce natif sera souvent attiré par les longues études et il peut même lui arriver de suivre deux cours à la fois. L'intelligence et la logique sont puissantes sous ce signe. L'astuce et la stratégie dans les questions matérielles ne manquent pas non plus. On pourrait dire que l'intelligence elle-même est ambitieuse.

Sa quatrième maison est celle qui représente le foyer. Elle représente la mère du natif qui se trouve dans le signe du Scorpion. Ce natif aura souvent une mère possessive qui peut, avec de mauvais aspects, détruire ou ralentir les aspirations de son fils. Le foyer peut être détruit par le divorce, et si le divorce ne survient pas entre les parents, il arrive que le foyer ait quand même un effet destructeur sur lui. Le foyer tentera de limiter le natif dans ses possibilités. Et celui-ci qui a un grand sens de la propriété pourra intérieurement entretenir la peur de voir sa maison, ses biens disparaître. Il est généralement très attaché à sa mère comme si un lien psychique le retenait, lui interdisait de trop s'éloigner. La pression peut devenir passablement forte dans le cas d'un type masculin; il aura tendance à accepter une soumission trop forte, inconsciente la plupart du temps. Dans le cas d'une naissance féminine, il peut y avoir rébellion contre la mère.

Sa cinquième maison se trouve dans le signe du Sagittaire. Cinquième maison, les amours, qui peuvent être nombreuses, enflammées, qui peuvent aussi être rencontrées en voyage. Cette cinquième maison dans le signe du Sagittaire lui apporte de la chance financière, ce flair qui lui permet de toujours tomber sur les bonnes personnes, soit pour établir un contact, obtenir un emprunt, soit pour mettre sur pied un projet qui demande du financement. Il aspirera au vedettariat, à être reconnu dans une sphère bien spécifique. Il ne supporte pas d'occuper la deuxième place,

BÉLIER ET SES ASCENDANTS

et souvent il organise si bien les situations qu'il tient effectivement la première. Déterminé, ambitieux, il a le sens du pouvoir, mais il ne vole pas la place des autres, il s'impose en qualité de leader! Cette position lui donne un grand sens de l'honnêteté. Plus il vieillit, plus il sait combattre pour un idéal. Attaqué, il prendra sa défense honorablement.

La sixième maison de ce natif est dans le signe du Capricorne. Sa maison de travail en est une d'acharnement. Encore une fois, nous trouvons ici l'indication d'un désir puissant d'ascension et de pouvoir. Ce type est un bâtisseur d'entreprise solide. Il ferait mieux d'être à «son compte» le plus tôt possible. Il donne des ordres, mais n'en reçoit pas! Capricorne, signe du père. Il peut lui arriver de reprendre l'entreprise paternelle ou de partager le travail avec lui.

Sa septième maison, celle du conjoint, est dans le signe du Verseau. Il recherchera des partenaires originaux, qui lui serviront d'éveilleurs. Dans une vie de couple, il aimera bien quelques petits affrontements, histoire de revigorer la relation! Cela peut aussi tourner à la catastrophe! Avec de mauvais aspects dans cette maison et la planète Uranus, il y aurait presque une garantie de divorce, au cas où le natif ne trouverait pas le conjoint soumis!

Sa huitième maison est dans le signe du Poissons. Le natif ne veut absolument pas croire à la mort, il préfère définitivement l'immortalité. Il peut même arriver qu'il ait des frayeurs à ce sujet si on ne lui explique rien quand il est jeune. Cette position, avec de mauvais aspects, peut le porter à l'alcoolisme ou à la consommation de drogue à un moment de sa vie. Ne l'oublions pas, ce double signe de feu est un passionné. Quand il fait quelque chose il y met tout son coeur et toute son énergie et s'il buvait, il serait un consommateur difficile à guérir. Le Bélier n'écoute pas les conseils, et le Lion ne prend aucun ordre. Vous voyez alors qu'il est difficile de lui faire voir une autre couleur que celle qu'il veut, lui.

Le Soleil de ce natif se retrouve alors dans la neuvième maison de son ascendant. Cela en fait souvent un sportif, une personne qui a un sens aigu de la compétition et a horreur de perdre! Aussi utilisera-t-il toutes ses forces et sa volonté pour atteindre le but fixé. La neuvième, qui symbolise le Sagittaire, le feu, et lui, Bélier, l'ensemble fait de ce Bélier un être chanceux, une personne à succès. Bélier de défi. Ce qui l'intéresse c'est de gagner, et la chance est avec lui. Encore une fois revient ici l'idée de l'honneur et de l'honnêteté. Possibilité d'une élection ou d'une reconnaissance publique avec cet aspect. Avec de forts aspects de Jupiter, de Mars et de son Soleil, il peut même atteindre une célébrité.

Sa dixième maison est celle du Taureau. Maison aussi de l'argent. Ce natif, en fait, n'a qu'à se lancer un défi, qu'à se fixer une ligne de conduite et le ciel placera sur sa route tous les éléments qui garantiront son succès. Son ambition, c'est le plus souvent la possession: devenir très riche, posséder, pour se sentir en sécurité et avoir du prestige. Bélier ascendant Lion, l'orgueil ne manque pas! Il y a possibilité, advenant le cas de la célébrité, qu'il traverse une longue période où il sera imbu de lui-même, sans trop de respect pour ceux qui sont au bas de l'échelle. Il se rendra compte qu'il fait fausse route, et qu'il n'a aucune raison de se prendre pour le nombril du monde. Il n'est pas méchant, il saura réviser sa position, garder sa place et, du même coup, respecter celle des autres. La dixième maison représente le père du natif. Le Taureau étant le signe de l'argent, il y a possibilité que le père ait une position enviable dans une sphère sociale donnée et qu'il intervienne financièrement en la faveur du fils. Le Taureau étant un signe fixe, on peut s'attendre à une certaine rigidité de la part du père: autorité et affection possessive.

Sa onzième maison est dans le signe du Gémeaux. Revient ici encore une fois son sens social, son goût de participer à la collectivité, tout en se plaçant sur le devant, bien sûr! Position qui indique encore un esprit rapide, concepteur, innovateur, audacieux. La onzième étant le symbole de la télévision, de la foule, allié à Mercure du Gémeaux, la parole, le natif peut faire un bon comédien, ou un commentateur. Cette position indique, encore une fois, qu'il a de nombreux amis, mais qu'ils peuvent aussi être en continuel renouvellement. En fait, ce ne sont jamais les mêmes, ou si peu.

Sa douzième maison est celle du Cancer, Cancer symbole de la famille et de la mère. La douzième maison est aussi celle de l'épreuve. Il peut arriver que ce natif subisse des influences maternelles négatives sans même qu'il s'en rende compte. Son subconscient absorbe tout de la mère et s'il arrivait que la mère soit plus ou moins honnête, sans chaleur et sans générosité, ce Bélier-Lion peut devenir une personne si économe que, secrè-

BÉLIER ET SES ASCENDANTS

tement, on dira de lui qu'il est «séraphin». Le foyer comporte géné-ralement une épreuve qui touche profondément le natif. Ce peut être le divorce, parfois la mort de l'un des parents, mais plus rare-ment. Il peut en découler alors une difficulté à s'épancher envers autrui. Il aura du mal à donner, à faire un cadeau, mais il ne saura pas comment manifester les profonds sentiments qui l'habitent. Cette position lui donne une grande perception. Il pressent, mais ne peut expliquer. Il lui arrive même de prévoir ce qui l'attend, c'est tout juste s'il ne peut se l'écrire. La vie est mouvementée, pleine de surprises. Le ciel lui donne la chance de se réaliser plus facilement que beaucoup d'autres. Il devra apprendre à être généreux sans trop compter et ne pas se dire que tout ce qu'on lui donne on le lui devait d'une manière ou d'une autre. Ce dou-ble signe de feu ne devra pas se laisser aveugler par son suc-cès dans l'entreprise choisie. Quand il s'apercevra que ceux qui se disaient ses amis le délaissent, plutôt que d'y voir un com-plot, il fera mieux de se demander ce qu'il est en train de faire. Surtout, qu'il évite de sombrer dans les vapeurs de l'alcool. Ce signe de feu Bélier-Lion est un double signe masculin, et les fem-mes de cette naissance sont ultraféminines ou ultramasculines, selon les planètes qui se glissaient dans l'horizon au jour du pre-mier souffle. L'ambition est tout aussi présente, les capacités éga-lement, mais elle est plus discrète dans ses manifestations, plus diplomate aussi dans ses négociations. Elle saura user de charme pour qu'on lui dise oui là où tout le monde avait essuyé un refus. Elle pourrait même être plus tenace qu'un homme du même signe, plus patiente.

qui s'est lié à lui avec un espoir d'exclusivité! Position qui tend à ne pas dire toute la vérité ou à la camoufler. Position importante à la phase adolescente, où la personnalité peut se transformer du tout au tout. Peut-être avez-vous cru qu'il serait toujours timide ou toujours exubérant? Possibilité, pour plusieurs, d'une transformation totale autant sur les valeurs de la vie que du côté mental. Bien orienté, il peut faire de grandes choses. L'intelligence est forte et prête aux plus grands défis. Le danger réside dans l'éparpillement des forces.

Sa quatrième maison est celle du Sagittaire, le foyer. Il arrive que ce natif déménage souvent, qu'il vienne de l'étranger ou, s'il est de chez nous, qu'il aille ailleurs. Il n'a jamais l'impression de s'être définitivement installé quelque part. Il vous parlera de sa maison avec conviction et peut-être, pour vous impressionner, en rajoutera-t-il un peu au sujet de sa propriété et de ses biens. La quatrième maison est aussi le symbole de la mère du natif. Dans le signe du Sagittaire, cela indique qu'elle est une personne intuitive, hautement spiritualisée ou royalement matérialiste, mais les deux ne se retrouvent que rarement chez la même personne. La mère du natif peut parfois vivre loin du lieu de résidence de ce dernier, mais un profond attachement les liera, même une sorte de complicité.

Sa cinquième maison est celle du Capricorne, la maison des enfants, des amours, de la réalisation artistique. Plus il vieillira, plus il sera créateur. Dans sa jeunesse, les amours peuvent être décevantes et le marquer longtemps, et c'est lorsqu'il arrivera à maturité qu'il découvrira l'amour. Il sera alors plus sage, la flamme aura disparu pour faire place à un feu non violent, mais durable. Il peut lui arriver de concevoir un enfant «sur le tard». Possibilité de rapports plutôt froids avec l'auteur de ses jours à qui il n'aura pu exprimer ses sentiments. Encore une fois ici, l'adolescence peut être farouche.

Sa sixième maison, maison du travail, est dans le signe du Verseau. Il sera attiré par le monde cinématographique, peut-être plus particulièrement par le côté technique. Il peut se sentir bien à l'aise avec le monde des ordinateurs. Tout ce qui se nomme «onde» l'attire. Il peut aussi travailler dans les communications, communications des masses, ou devenir un fanatique de la «religion», se prendre parfois pour «la connaissance» et essayer d'inculquer aux autres «sa connaissance» et rejeter aussi les autres. Dieu parfois lui échappe... il voudrait pouvoir l'expliquer.

BÉLIER ET SES ASCENDANTS

On n'explique pas Dieu, Il est. Dieu, c'est un acte de foi sans raison. Le hasard lui fait parfois choisir sa route de travail. Comme tout bon Bélier, il suffit qu'on lui lance un défi pour que le goût d'agir se manifeste instantanément. Ce natif a généralement une grande facilité d'élocution, il sait entretenir la galerie! Il sait impressionner, il peut en rajouter sans que ça paraisse trop!

Sa septième maison est celle du Poissons, la maison du conjoint. Ce natif se choisit le plus souvent des conjoints étranges, des gens «à problèmes» qu'il essaiera de «résoudre» par la psychologie et parfois par une psychanalyse personnelle... Il arrive souvent que deux mariages, ainsi que de nombreuses unions vite faites et vite défaites, surviennent dans sa vie. En tant que Bélier, il essaiera de dominer la situation conjugale, mais ça ne marche pas toujours. Il n'est pas facile pour lui de vivre à deux, il a du mal à faire des concessions et il ne supporte pas qu'on lui demande où il était quand il arrive avec une heure de retard! Le conjoint finit aussi par devenir une épreuve pour le natif qui adopte parfois l'attitude d'un parasite, d'un passif, soit pour éviter le combat, soit parce que, au départ, il avait déjà un problème de dépendance.

Le Soleil de ce natif se retrouve dans la huitième maison, qui est celle du Scorpion. Vous avez là un Bélier bien excessif, à la fois Bélier et Scorpion. Ça donne souvent une personne aux goûts sexuels un peu bizarres. La bisexualité, l'homosexualité attirent fortement ce natif. Les aspects d'une carte du ciel révéleront s'il est positif ou négatif, et comme il est excessif, il peut être ou parfaitement honnête ou parfaitement malhonnête. Avec son Soleil dans la huitième maison, il écoute bien mal les conseils d'autrui. Une tendance autodestructrice peut exister chez lui. Il est à surveiller dès son bas âge afin qu'il puisse développer toutes les puissances de son signe. Bienfaiteur ou malfaiteur?

Sa neuvième maison se retrouve dans le signe du Taureau. Bien qu'il aime les grands départs, quand il part c'est pour longtemps. Il fait souvent plus d'argent à l'étranger que sur son lieu de naissance. La neuvième maison symbolisant les religions, les philosophies dans le signe du Taureau, le natif peut, ici, se borner à une seule idée et croire qu'il est le seul à détenir la clé de la vérité. Il lui faut faire attention aux cultes de pacotilles, aux superstitions également.

BÉLIER ET SES ASCENDANTS

Sa dixième maison, dans le signe du Gémeaux, lui fait embrasser plus d'une carrière dans sa vie. Il sera heureux dans le monde des communications, mais il a grand besoin de l'approbation d'autrui pour démontrer l'utilité de son existence. Il peut lui arriver de créer des besoins à autrui pour avoir ensuite le plaisir de les satisfaire. Cette position, toutefois, tend à lui faire entreprendre beaucoup de choses qu'il ne finira pas. Il devra faire un effort de concentration pour parvenir au but, car il lui arrive de s'aligner sur un idéal matériel et ne pas se rendre compte de la raison de son insatisfaction. En fait, il est plus heureux quand il travaille sur des idées, au service d'autrui, que dans le seul but d'acquérir plus d'argent. L'argent, le plus souvent, vient quand on s'est acharné sur un idéal. Les gens paient pour se joindre à ceux qui leur ouvrent une voie honnête. La masse n'est pas aussi dupe que certains publicitaires le croient. Elle réagit en quittant quand elle ne conteste pas.

Sa onzième maison est dans le signe du Cancer. Ses amis sont souvent des personnalités artistiques, des comédiens, des poètes, des écrivains. En fait, il réussit à se créer une famille avec des amis quand il doit vivre loin de son foyer de naissance. Doué d'une grande imagination, il peut l'exploiter au service d'une action concrète ou se raconter des histoires! Il fonctionne en donnant de grands coups de bouclier au travail. Il peut alors aller jusqu'à l'épuisement, puis voilà que la Lune passe sans lui faire un clin d'oeil et une tempête intérieure se déchaîne, phase dépressive. L'agressivité peut être retournée contre autrui ou contre lui-même. De toute façon, quand il se fâche contre quelqu'un il s'en veut à mort.

Sa douzième maison est dans le signe du Lion, maison de l'épreuve, du mystère, de l'infini, de la foi mystique, maison où siègent les couches les plus profondes du subconscient. Cette maison est en bons aspects avec le signe du Bélier. Aussi, quand quelque chose ne va pas dans la vie de ce natif, il ne peut en accuser que lui-même. Une intuition puissante le guidait vers la chose à faire mais... il lui arrive de ne pas écouter! Cette maison est celle de l'épreuve dans l'amour. Le natif devra à plusieurs reprises refaire le point, se départir de son envie de n'aimer que pour sauver quelqu'un, que pour donner de la valeur à sa vie. Il apprendra, au fil de sa vie, à aimer dans le plus parfait détachement, à donner juste pour faire plaisir, à donner juste pour voir le visage du receveur heureux. La loi cosmique, juste parce que loi divine,

BÉLIER ET SES ASCENDANTS

lui donnera en retour ce que souvent il désespérait de recevoir, le grand amour partagé. Position vue sous un angle plus matériel qui peut possiblement créer un conflit avec les banques ou les institutions financières, mais, encore une fois, comme le Lion est en bons aspects avec le Bélier, les choses s'arrangent mystérieusement à la faveur du natif.

BÉLIER
ASCENDANT
BALANCE

Il lui faut absolument un conjoint, il ne souffre pas de vivre seul, il ne supporte pas de vivre sans aimer, sans être aimé! L'amour tient la première place! La vie émotionnelle est à l'honneur, la sensibilité est à fleur de peau!

Il a tellement besoin des autres qu'il préférera même vivre dans la dépendance et la servitude plutôt que dans la solitude. Il préférera vivre étouffé plutôt qu'en liberté, mais rarement jusqu'à la mort. Cependant, il fera presque tout pour sauver son ménage.

Double signe cardinal, un chef! Mais avec un beau sourire, prêt à concilier, à jouer, même contre ses propres intérêts, comme tous les signes qui vivent avec leur opposé, qui donnent beaucoup et reçoivent peu en retour. Mais, fort heureusement, le voile de l'ascendant à l'opposé du signe se lève dans la quarantaine, on donne et on reçoit, et parce qu'on a beaucoup donné on reçoit en grande quantité!

Beaucoup d'artistes ont cette association de signes. Le plus souvent, comme l'être n'arrive pas à trouver l'amour idéal, il le recrée dans une oeuvre, et arrive parfois à faire de son oeuvre, son amour. Compensation qui n'a rien de désagréable, qui remplit et qui donne, car on ne crée pas pour soi, on crée pour donner à autrui, pour apporter sa part à l'humanité.

C'est un rêveur. Peut-être est-ce le dernier amant romantique? Dernière maîtresse et princesse magique à la fois?

Mais si, à tout hasard, ce Bélier-Balance devait subir un peu trop d'affronts amoureux, après avoir tout essayé, alors vous aurez affaire à un être calculateur et froid! Attitude totalement régie par la crainte de se faire prendre de nouveau. Il aura beau s'y refuser, un jour, et justement celui où il s'y attendait le moins, arrive devant lui l'amour. Il y succombe agréablement avec l'espoir que ce soit pour toujours.

Le Bélier, même s'il n'est pas rancunier, n'oublie rien. La Balance, elle, est rancunière! Finalement, à force de tourner et de retourner le mal en soi, on se blesse plus qu'on ne blesse autrui. Ce Bélier, qu'il advienne un grand échec, ou qu'il transporte continuellement sa rancune avec lui, risque de voir ses amis s'éloigner pour lui laisser le temps de réfléchir. Quelle tristesse et quel gâchis!

L'apparence est très importante dans cette association. Se montrer sous son meilleur jour en public, que tout le monde en parle en bien, qu'on se souvienne de lui comme d'une personne parfaite, intéressante... Mais certains diront qu'il est casse-pied... parce qu'il parle de ses qualités plutôt que de vous les laisser découvrir... Il fait ça pour être aimé, et qu'on sache tout de suite qu'il est adorable!

Il s'agit ici d'une association entre le premier signe et le septième: le premier est égocentrique et l'autre s'intéresse à celui qui l'aime! Ce peut être compliqué de vouloir être généreux et, en même temps, ne pas oublier de prendre son morceau de gâteau.

Ce Bélier a besoin de réflexion, de détente. Il est facilement crispé par sa peur du manque d'amour ou, s'il n'a pas d'amour, par sa peur de devoir toujours vivre ainsi!

Sa deuxième maison, celle de l'argent, est dans le signe du Scorpion, symbole du tout ou rien, beaucoup ou pas du tout, tout gagner et tout reperdre. Tantôt un économe exagéré, et tantôt un dépensier tout aussi excessif. Il a souvent une attitude inquiète face à l'argent. S'il affiche un air détaché, ne le prenez pas trop au sérieux, l'argent le sécurise plus qu'il ne veut le démontrer et, en même temps, il se dit qu'il est faux de concevoir l'argent comme le gage d'une certitude financière. En fait, il pourrait entretenir tout au fond de lui un rêve: qu'on lui fasse cadeau d'une somme extraordinaire, qu'il ne soit pas redevable, qu'il n'ait aucun compte à rendre. D'une autre manière, qu'on le prenne à charge sans qu'il ait à se soumettre à aucun contrôle! Gagner à la loterie c'est l'idéal, mais bien qu'il y ait beaucoup d'appelés, peu sont élus!

Sa troisième maison est celle du Sagittaire. Ses amis, il va souvent les chercher à l'étranger ou dans des cercles intellectuels. D'habitude c'est à l'adolescence qu'il développe des amitiés qu'il conserve tout au long de sa vie, ou du moins sur de très longues périodes de temps. Il aimera se déplacer, voyager, il sera curieux de philosophie, d'astrologie, mais aura bien du mal à approfondir quoi que ce soit, voulant tout apprendre en même temps. Il pourra également s'intéresser à la Bourse, au placement, mais là encore il doit être prudent, il risque de se fier à des conseillers désireux de remplir tout d'abord «leurs poches», l'appât d'un gain rapide peut lui faire commettre une bévue financière regrettable! Son rêve de devenir spontanément riche peut devenir un cauchemar.

Sa quatrième maison, qui représente le foyer, est dans le signe du Capricorne, foyer de naissance aux règles peut-être un peu trop strictes pour ce Bélier dont la nature tend à l'art, à l'amour, à la tendresse et aux «petites fleurs bleues»! Son «chez-soi» aura parfois un côté sévère, vieillot, comme s'il voulait conserver quelque chose de ses ancêtres pour ne pas perdre racine. Ses rapports avec les parents sont distants, tout en étant très importants pour lui. Sa mère aura la plupart du temps pris le contrôle total de son éducation. Il sera, si je puis m'exprimer ainsi, sous son influence maternelle-dictatoriale! On l'incite à réussir royalement sa vie, mais sans trop s'éloigner de sa mère ou après avoir obtenu son accord. Naturellement, sa mère ne tient pas ce langage parlé. Une mère n'a jamais l'intention consciente de soumettre son enfant à sa loi; elle le fait inconsciemment, par le biais du chantage émotionnel subtil: si tu me quittes ou si tu ne m'obéis pas j'aurai beaucoup de peine, tu me feras mal, etc. Le natif lui-même, en tant que parent, pourrait adopter cette attitude vis-à-vis de sa progéniture. Un trait à surveiller.

Sa cinquième maison, celle des enfants, de l'amour, est dans le signe du Verseau. Plus que les autres signes, il pourrait se retrouver avec les enfants des autres, et il aura ce respect de la vie, il pourra même être fasciné par tous les enfants du monde, comme s'il avait un coeur universel de ce côté. Ses amours seront parfois étranges et subiront des chocs, comme si la vie lui envoyait cette épreuve pour qu'il apprenne à déployer toujours plus d'amour. Malgré les épreuves, ce Bélier-Balance finira par trouver un vrai bonheur sentimental à l'âge indiqué par les aspects planétaires. Il a tendance, surtout quand il est jeune, à tomber amoureux d'un idéal plus que d'une personne réelle, qui a sa propre autonomie, son caractère propre et tout ce qui vient avec. Quand il se rend compte que la personne n'est pas conforme à l'image qu'il s'en était faite, il se sent lésé, il est désillusionné. Mais ce n'est tout de même pas la faute de l'autre s'il ne correspond pas au rêve du natif, c'est ce dernier lui-même qui avait monté le scénario...

Sa sixième maison, dans le signe du Poissons, amènera deux gagne-pain, deux sources d'argent. Tantôt il aura beaucoup de travail, tantôt il en manquera. Il s'en trouvera blessé quand il ne pourra pas travailler, il aura l'impression qu'on a conspiré contre lui. Il peut alors développer des maladies psychiques, se croire victime, imaginer des ennemis!

Ce natif est serviable envers ceux qui souffrent, cependant s'il lui arrivait de travailler dans un milieu médical, il devra prendre garde de ne pas devenir comme les malades ni de se culpabiliser de sa bonne santé pendant que d'autres souffrent! Avec cette sixième maison en Poissons, qui relie Neptune et Mercure, on peut le retrouver dans les professions les plus diverses, autant comme écrivain, poète, que comme médecin, chercheur, ou encore dans le monde du cinéma ou dans celui de la musique. Sa carte natale, selon la position des planètes Mercure et Neptune, précise le genre de travail dans lequel il se sent le plus à l'aise.

Son Soleil se retrouve alors le plus souvent dans la septième maison. De là son goût du faste. Il veut manifester sa présence en public, se faire voir, se faire aimer à tout prix. La maison sept représente le mariage, mais, avec l'ascendant Balance à l'opposé, le divorce ou la rupture le guette plus que tout autre signe, surtout si le mariage est contracté avant la maturité. Inconsciemment, il demandera à son conjoint de faire son bonheur! Le Bélier est un être plus exigeant qu'il ne le croit lui-même; il lui faut parfois un choc pour qu'il prenne conscience qu'il a sa part à fournir et que le partage réel ne vient pas que d'une direction. Il aura comme idéal de se mouler à l'autre, de faire un avec l'autre. La contradiction vient du fait qu'il est celui qui demande à l'autre de se plier ou de se mouler à sa personnalité. C'est un passionné, un tendre aussi. L'amour demande un renouvellement constant et une répétition de gestes qui doivent prendre la forme d'une attention affectueuse soutenue, et le Bélier a du mal à vivre la répétition et à y plonger quotidiennement. Il a besoin de variétés, d'une sorte de jeu dans sa passion. Il détermine les règles du jeu, mais oublie d'en faire part, tenant pour acquis qu'on l'a certainement deviné, alors qu'il n'en est rien. La plupart du temps, c'est un échec qui le réveille et lui fait comprendre qu'il s'impose et repousse en même temps, sans s'en rendre compte, et tout en en ayant besoin, l'affection et l'amour de son conjoint, dès que la répétition s'installe et qu'on cesse de le surprendre.

Sa huitième maison, qui représente la mort, se trouve alors dans le signe du Taureau: longue vie! Tout ce qui a trait aux mystères cachés, à l'astrologie, à l'occulte s'y trouve aussi. Malheureusement cela crée souvent à celui qui possède sa huitième maison en Taureau une vue rétrécie sur les mondes invisibles. Il peut facilement se laisser prendre par les apparences, étant donné que cette maison est dans le signe du Taureau, lequel est régi par Vénus. Cette position le porte à vivre l'amour comme un virage interdit. La vibration qui émanera d'une telle pensée provoquera malgré lui des conflits sentimentaux que le natif n'avait pas espérés.

Sa neuvième maison, qui se retrouve alors dans le signe du Gémeaux, lui fait souvent voir le visage de la philosophie plutôt que la profondeur. Il sera curieux de ce qu'on dit, de ce qu'on écrit, mais il aura du mal à intégrer la dimension profonde des différentes doctrines dont il prendra connaissance. Il aura sans cesse besoin de mouvement, de déplacement, de voyages «aux alentours» et autour du monde! Il connaîtra les «gens bien», pourra avoir des amis fortunés qui sont à la mode. La dimension sociale prend une grande importance pour lui, au point qu'elle peut atteindre une démesure quand il se met à négliger sa vie privée. Le déséquilibre n'a que rarement donné un heureux résultat, mais il faut parfois voir les deux côtés d'une chose pour apercevoir le juste milieu.

Sa dixième maison se trouve dans le signe du Cancer. Bien que le natif puisse rêver de faire carrière à l'étranger, il reviendra vers son lieu natal comme pour répondre à un appel venant du plus profond de son coeur. Encore une fois revient l'idée de l'influence de sa mère, comme on l'a dit plus haut, puisque le Cancer la représente, la dixième, elle, symbolisant l'objectif. Peut-être que la mère a eu ou a une grande importance dans l'orientation de la vie professionnelle de son fils. La dixième maison représente le père, mais celui-ci ne correspond peut-être pas suffisamment à l'image du père qu'un Bélier aime avoir. Le Bélier aime admirer, il aime la force, et la nature du père peut être toute faite d'émotions, de sensibilité. Ici, sous ce signe et cet ascendant, les rôles des parents se trouvent inversés. La mère jouant plutôt un rôle masculin, et le père jouant un rôle féminin. D'où l'identification difficile pour le fils, non pas en tant qu'être sexué mais plutôt en fonction de son épanouissement social et personnel à l'âge adulte. Vivre en voulant à la fois partir et rester demeure une décision difficile à prendre. Aussi le natif pourra-t-il se sentir déchiré entre son propre choix et celui qu'on lui impose inconsciemment.

Sa onzième maison, celle d'Uranus, est en Lion. Cela laisse prévoir un succès fulgurant suivi d'une chute tout aussi surprenante. Pour éviter une telle situation, il devra être vigilant. Il aimera les artistes, les acteurs, le cinéma, et il sera fasciné par la nouveauté, allant même jusqu'à se créer des illusions. Des problèmes peuvent survenir avec ses propres enfants dont il peut être séparé à cause d'un divorce. Il se peut aussi qu'il n'en désire pas du tout. J'en connais qui répètent à qui veut les entendre qu'ils veulent des enfants, mais ils prennent toujours le moyen de ne pas rester unis assez longtemps avec la même personne afin d'éviter l'engagement familial! Ou il faut les entendre dire qu'ils veulent des enfants, mais qu'il leur faut réfléchir... et quelques années plus tard décider qu'ils n'ont plus l'âge! Contradiction! Il veut prendre soin des autres, à condition de ne pas perdre une parcelle de terrain! Il met un certain temps avant d'atteindre la sagesse, l'équilibre, il veut l'amour! Mais, le plus souvent, il ne voit dans l'amour qu'une affaire étroitement personnelle.

Étant donné que ce signe vit avec la Balance comme son opposée, certains, peu nombreux, sont capables de dépasser leur unique besoin et de vivre vers autrui, dans une ouverture généreuse et passionnée. Il m'a été permis d'observer qu'il s'agissait d'une exception. La nature du Bélier est égocentrique. Donc pour qu'il soit heureux, selon lui, tout doit tourner autour de sa personne. Vous lui devez de l'attention. La Balance, de son côté, s'éveille à autrui et il arrive qu'elle s'oublie au point de devenir le reflet de l'autre. Si Bélier et Balance font chacun la moitié du chemin, comme il se devrait, cela donne un être qui sait tout aussi bien s'occuper de lui que d'autrui.

Sa douzième maison, celle de l'épreuve, se trouve dans le signe de la Vierge, symbole de travail, mais aussi de maladie. Avec cette position, la maladie peut être d'origine psychique. Les voies respiratoires pourraient avoir quelques faiblesses. Attention aussi aux irritations cutanées, aux allergies de la peau imputables généralement à une certaine alimentation que le natif ne supporte pas ou très mal. Autant il peut être un créateur hors pair, autant il peut aussi pencher du côté de la dépression mentale. Le travail lui-même peut devenir une épreuve quand le sujet doit aborder un deuxième choix de carrière. Cet aspect peut l'entraîner à une foi de pacotille. Il peut se laisser influencer par des charlatans, et quand le Bélier se laisse aveugler il court au précipice sans s'en rendre compte. Ce double signe cardinal, donc de chef, n'est pas facile à conseiller; il vit ses expériences et, dans ce cas-ci, il les retient.

BÉLIER
ASCENDANT
SCORPION

Quelle personne tendue, prompte, intolérante, passionnée! Double signe de Mars, la guerre... Bélier, signe cardinal, de commandement. Scorpion, signe fixe, qui n'en accepte aucun. Allez donc lui donner un conseil. Vous aurez la sensation d'avoir parlé au voisin. Ce Bélier-Scorpion est un instinctif, un impulsif inquiet pour hier, pour demain, pour il y a vingt ans et pour le reste de sa vie!

C'est un être combatif, qui peut se mettre à terre, pour une cause, pour ce à quoi il croit, pour son patron, si le patron a le don d'exiger et s'il paie bien, naturellement.

Ce Bélier n'abandonne pas, et ce qui l'intéresse c'est le défi. Là où d'autres ont échoué, lui, il réussira car il s'acharnera, même au risque de malmener sa santé. Double signe suicidaire... ils ne se suicident pas tous, c'est une façon de parler, tenez-en compte de grâce!

C'est un être extrêmement sensible qui se sent concerné autant pour lui que pour les autres. En fait, il tient à ce qu'on dise du bien de lui. Il peut être généreux après une courte réflexion, car il agit rapidement, mais il peut s'en mordre les pouces si sa générosité a fait un trou dans son budget. Le Scorpion a réfléchi, il ne le fera plus... jusqu'à la prochaine fois.

Les Béliers ont sérieusement tendance à commettre plusieurs fois la même bêtise, comme de se mettre en colère pour la même raison, alors qu'ils s'étaient promis que cette chose ne les toucherait plus!

Ce Bélier est attiré par l'occulte. Il peut développer des dons de voyance, et être habile au tarot. Peut-être fera-t-il un bon astrologue...

En amour, il a bien du mal à être heureux. D'une part, il tient l'autre pour acquis et, d'autre part, il a peur de le perdre! Le malaise peut être vif à l'intérieur de lui!

Il doit apprendre à méditer, à se relaxer, à faire confiance à la vie, à cesser d'avoir peur de manquer de quelque chose pour le lendemain: «Dieu ne nourrit-il pas les oiseaux du ciel?» Alors comment oserait-il abandonner un Bélier-Scorpion?

Sa deuxième maison, celle du Sagittaire, indique que ce Bélier aime l'argent et le plaisir que cela lui procure. Il fait de petits placements, des gros aussi, et il est généralement chanceux, ça rapporte! Il ne prend pas vraiment de risques et, malgré sa peur de manquer de tout, il n'en manque jamais car il est excessivement prudent en tout ce qui concerne l'avoir. Cette position est également l'indice que ce natif accepte volontiers qu'on paie pour lui à répétition et qu'il ne se décide à ouvrir sa bourse que si on lui fait remarquer qu'il commence à abuser! Il réagira avec fierté, paiera sa part... vous l'observerez se sentir un tantinet insulté... il croyait qu'on lui devait ça!

Sa troisième maison est celle du Capricorne, donc il n'apprendra rien d'inutile! Il aura du talent pour les chiffres, la comptabilité. On pourra lui donner de grandes responsabilités, il maintiendra bien son rôle à moins que des aspects négatifs n'interviennent dans sa carte natale. Il ne sera jamais très loin du patron. Ce dernier a besoin de lui, car il sait tout, il sait où se trouve ce dont on a besoin pour la bonne marche de l'entreprise. Il a tendance à être radical dans ses opinions sur différents sujets. En cas d'oppositions, il ne veut pas comprendre... il faudra être tenace pour le faire changer d'avis.

Sa quatrième maison est celle du Verseau. Son foyer de naissance aura pu subir quelques chocs durant sa jeunesse, plus près de l'enfance que de l'adolescence. Choc uranien, ce peut tout aussi bien être une tornade que le feu ou des chocs électriques. Il pourra aussi décider subitement de vivre loin de son lieu natal. La plupart du temps, il aura cette étrange sensation d'être déraciné, qu'il soit chez lui ou ailleurs. Il peut rester vingt ans à la même place, il n'a pas envie de partir, il a juste du mal à reconnaître qu'il est enraciné, parce que, tout au fond de lui, il n'est jamais totalement certain que les gens de sa collectivité l'acceptent totalement. Aussi sûr de lui puisse-t-il paraître, aussi inquiet est-il au plus profond de lui-même. Sa maison, ou son appartement, ne manquera pas de gadgets modernes la plupart du temps. Le Verseau représentant les ordinateurs, peut-être ce natif a-t-il été le premier à en avoir un chez lui! Cette position indique également que ses amis sont les membres de sa famille ou leurs amis. Bref, ses relations amicales tournent autour de la famille.

Sa cinquième maison, celle de l'amour, se trouve dans le signe du Poissons. Il est bien possible qu'à l'adolescence, vers 18 ans, il ait pu vivre un amour impossible dont il gardera le secret, mais aussi la douleur. Il aura du mal à exprimer ses sentiments à son ou sa partenaire. Il voudra qu'on le devine. Chez lui, les peines d'amour sont cuisantes, pouvant même l'entraîner à l'alcoolisme. D'autres aspects devront quand même le confirmer. L'amour est vécu comme un idéal, un monde infini, mais en même temps ce natif pourra s'y sentir en prison. Les aventures extra-conjugales ne sont pas rares sous ce signe. Le Bélier a le sens de la conquête et le Poissons prend ses rêves pour des réalités. Additionnez les deux et vous aurez là un Bélier qui va faire de son rêve une réalité.

Le Soleil de ce natif se trouve dans la sixième maison, celle du travail. Il n'a pas peur de l'effort et il est constant, mais, en même temps, très insécure. La santé est fragile, les maux de tête, fréquents. La tension nerveuse est aiguë. Il a bien du mal à refuser un service, il suffit de jouer avec ses cordes sensibles. Il peut se sous-estimer et développer une série de complexes qu'il cachera sous le masque de Pluton, symbole du Scorpion et sa première maison. Il aura l'air fort et dissimulera par orgueil son extrême sensibilité et sa vulnérabilité. Doué d'une excellente mémoire lorsqu'il s'agit de son travail, de ses intérêts autant que ceux de son patron, il oublie beaucoup de choses en dehors de cette sphère, et si vous avez une course à lui faire faire, il faut lui écrire ça sur un bout de papier... et peut-être même oublierat-il le bout de papier une fois qu'il l'aura mis au fond de sa poche. Il est concerné davantage par ses besoins que par ceux d'autrui, surtout s'il est préoccupé par un problème de travail... alors là vous venez de le perdre.

Sa septième maison, celle des unions, des mariages, se trouve dans le signe du Taureau. Il ne désire pas se marier deux fois! Et quand il s'engage, c'est pour longtemps, bien qu'il puisse faire des cachotteries sentimentales! Il désirera que le conjoint lui apporte sécurité, à la fois sentimentale et matérielle. Il aime l'argent parce qu'il a peur d'en manquer et il comptera sur son conjoint pour le supporter si jamais il en manque! Mais il a tellement le sens du devoir et il est si acharné au travail, qu'il est bien rare qu'il doive vivre une pénurie.

Sa huitième maison est celle du Gémeaux. Elle représente la mort et la transformation. Ce natif peut se laisser aller à des idées noires! Avec de mauvais aspects, naturellement, les bronches représentent une menace pour sa vie, et il pourrait avoir quelques faiblesses de ce côté. Le système nerveux est fragile à cause de pensées négatives qu'il entretient autant à son sujet que sur les gens qui l'entourent. Cependant, la huitième maison se trouvant dans le signe de Mercure, le natif peut, par sa propre volonté, réformer complètement le négatif en positif. L'intellect est puissant, l'esprit est logique, mais il est aussi extrêmement intuitif.

Sa neuvième maison est dans le signe du Cancer. Le plus souvent il a résidence loin du lieu natal. Il préférera un endroit tranquille, calme, si possible la campagne ou la banlieue. Il est profondément croyant et conserve en mémoire le souvenir du temps où il était petit! Aussi est-il attaché à sa famille dont il est souvent éloigné. Ce natif aura également tendance à faire de l'embonpoint à l'âge de Jupiter, vers 35 ou 36 ans, s'il ne surveille pas son alimentation. Position qui favorise l'appui financier venant de la famille à l'âge où il traversera cette maison, selon son thème natal, et qui indique également que ce natif n'est pas méchant: colérique, oui; profondément méchant, non, ou rarement. Il y a bien eu quelques exceptions, mais je m'adresse aux plus nombreux.

Sa dixième maison se situe dans le signe du Lion. L'ambition est grande et le sens de la continuité ne manque pas. Il peut aussi avoir des rêves demesurés de grandeur, de richesse; les positions planétaires indiquent alors si le sujet atteindra son objectif. Il peut aussi avoir un enfant à la maturité si, naturellement, des planètes viennent appuyer sa dixième maison en Lion. Il est possible que s'il fait carrière, surtout dans le cas d'une femme, notre système de garderie n'étant pas au point, le natif aura bien du mal à fonder un foyer et à se décider de s'éloigner du but fixé. Cette dixième maison représente le père. Le natif y est généralement très attaché et entretient avec celui-ci de bonnes relations, souvent meilleures qu'avec la mère. Position qui indique un père orgueilleux.

Sa onzième maison se trouve dans le signe de la Vierge. Le natif se fait donc des amis au travail, le plus souvent, et a avec eux d'excellentes relations, à moins d'aspects contraires dans sa carte natale. Position qui lui donne une grande facilité d'élocution, surtout quand il est question de bien défendre ses droits s'ils sont attaqués. Il devient alors extrêmement nerveux devant l'injustice et s'énerve jusqu'à une puissante agitation qui peut atteindre un point très élevé de contestation... En avez-vous déjà vu un faire une crise? Impressionnant, non?

Sa douzième maison, signe de l'épreuve, et aussi de l'évolution psychique, est dans le signe de la Balance. Cela signifie que le natif peut vivre une épreuve à cause du partenaire. Les aspects indiquent s'il s'agit d'une épreuve de santé, d'argent ou autre. De par cette position, le conjoint peut également participer à l'évolution du natif, le rendre plus généreux et moins égocentrique, le Bélier étant fortement marqué par le «occupez-vous de moi!» Cette position indique, encore une fois, que la santé du natif pourrait être plus fragile, bien que ce soit peu apparent, surtout avec de mauvais aspects de Neptune qui, à ce moment, l'entraîneraient à de fréquentes insomnies et à des difficultés de récupération. L'ascendant Scorpion lui assure tout de même une régénération. Instinctivement il ira vers la source qui le remet sur pied, et ce peut être le sport, la relaxation ou tout autre moyen que notre vie moderne peut offrir.

BÉLIER ASCENDANT SAGITTAIRE

Il n'y va pas par quatre chemins. Posez-lui une question, n'importe laquelle si vous avez l'audace d'une indiscrétion, vous aurez une réponse et pas n'importe laquelle, c'est un rapide.

Double signe de feu. Trois personnes: Bélier 1, + Sagittaire, signe double = 3.

Il ne manque pas de projets. L'un n'est même pas terminé qu'il en a déjà un autre en tête. Il est pressé, mais ça ne veut pas dire qu'il va terminer! Il faudra peut-être un peu le pousser là-dessus. Mais comme banque d'idées, idées qui rapportent de l'argent naturellement, c'est fameux. Double signe de feu, le premier et le neuvième du zodiaque. Nous avons là un Bélier qui n'est plus tout à fait innocent et qui le sait fort bien quand il fait marcher les autres, et qui peut aussi fort bien calculer les répercussions de ses actes.

Mais il est rarement méchant. Profiteur, oui. Mais on lui donne, il vous le dira lui-même, on lui fait des cadeaux! C'est vrai, car c'est à peine s'il a à demander, sa vibration lui attire des grâces.

BÉLIER ET SES ASCENDANTS

C'est un conquérant et il est sincère avec chaque conquête. Infidèle malgré lui, comment aurait-il pu refuser de rendre une personne heureuse? Mais ça ne se fait pas! Il vous le dira!

Ce double signe de feu a naturellement besoin qu'on s'intéresse à lui, qu'on l'adore de préférence, mais il n'est pas aussi certain qu'il en fera autant pour vous. D'abord Bélier égocentrique, il est ensuite Sagittaire aventurier. Les hautes sphères l'intéressent, les sphères matérielles comme cela arrive le plus souvent, sportives également. De temps à autre nous sommes en présence d'un explorateur des profondeurs humaines, d'un découvreur des jeux de l'âme, d'un mystique zélé. Naturellement, il n'y a rien de calme avec un double signe de feu. Il peut avoir l'air calme, mais dites-vous bien que, quand on est double signe de feu, un coup de vent et le feu se disperse... De l'eau et il s'éteint, tout comme si on jetait de la terre dessus. Même effet, mais plus lentement, et douleur plus intense et plus longue.

Il a besoin d'encouragement même s'il a l'air de ne rien réclamer, et qu'il vous laisse croire que tout est parfait. Signe double, le Sagittaire s'éparpille; il faut l'aider à s'unifier afin qu'il ne perde pas confiance en son talent.

Sa deuxième maison est celle du Capricorne. Souvent il gagnera son argent en étant employé pour une grosse compagnie ou pour le gouvernement. Cet argent sera souvent gagné grâce à l'appui de personnes plus âgées et ayant une attitude paternaliste à son égard. Il saura faire des placements pour «assurer» ses vieux jours, car il craint d'être obligé de demander du secours quand il sera vieux. Il prépare sa retraite bien jeune en mettant quelques sous de côté!

Sa troisième maison est celle du Verseau, ce qui lui vaut de se faire des amis partout. Il a le sens de l'universalité, est extrêmement sociable, parle avec conviction et possède une multitude de connaissances qu'il se plaît à étaler pour épater! Il le fera toutefois avec un certain comique. Il aime se retrouver dans des endroits où il y a beaucoup de circulation, et si une nouvelle tête attire son attention, il se décidera bien vite à faire sa connaissance. Il aime parler, discourir, attirer l'attention. Il a un grand sens de la repartie. Quand la Lune passe dans ce signe vous pouvez alors le voir s'enflammer pour la cause à la mode du jour, se mettre en avant. Position qui l'invite à vouloir continuellement se déplacer, aller chez les uns et les autres, prendre le train, l'avion, voir du pays. Il a le sens du mouvement, il bouge beaucoup, même en parlant d'un sujet reposant! Il s'agitera en vous expliquant combien c'est reposant de faire ceci et cela!

Sa quatrième maison, son foyer, dans le signe du Poissons, ressemble à une invitation au déménagement. Le monde est sa patrie, le lieu où il habite n'est jamais le dernier. Il lui faut au moins deux foyers pour être heureux, un à la ville et l'autre à la campagne, et, dans beaucoup de cas, il aura tellement d'amis que cela lui permettra de séjourner à plusieurs endroits successivement, chez l'un et chez l'autre. Il est du genre: j'arrive, je m'installe, et puis hop! il a refait ses valises se sentant de trop ou s'ennuyant! Le foyer de naissance a pu comporter quelques épreuves, certaines difficultés. La mère peut en être à l'origine, comme elle peut aussi avoir subi, ce qui ne sera pas sans être ressenti par le natif qui transpose en ayant toujours envie de partir. Le malaise qu'il peut vivre au foyer, il préfère l'oublier au milieu de nouvelles gens.

Son Soleil se trouve donc dans la cinquième maison, celle de l'or, aussi voit-il grand, gros, riche. Le sommet n'existe pas pour lui, le ciel est sa limite!

Avec de mauvais aspects sur le Soleil, en tant que Bélier, il peut arriver qu'il commette quelques erreurs et se croie plus puissant et plus important qu'il ne l'est en réalité. Il se laisse aussi facilement prendre par les apparences, mais pas longtemps. Son petit doigt lui fait vite comprendre quand il a investi son temps et son argent au mauvais endroit, avec les mauvaises personnes. Il n'est pas non plus à l'abri de l'orgueil! En amour, il peut être aveuglément passionné aussi longtemps qu'on le traite comme un roi, ou comme une reine; en dehors de ça, il est reparti pour une autre conquête dans un autre royaume. Il a cette faculté d'aller d'un milieu à l'autre sans se sentir embarrassé. Bien qu'il puisse être amoureux, il n'oublie pas ses intérêts et aura tendance à fréquenter les gens qui le protègent, qui lui donnent un avantage quelconque. La plupart d'entre eux se découvrent une passion très tôt dans la vie, ils décident ce qu'ils seront et vivent tout au long de la démarche comme s'ils avaient déjà atteint leur idéal. Et comme la foi déplace les montagnes, le Bélier atteint toujours son rêve.

Sa sixième maison, dans le signe du Taureau, fait du natif une personne active mais, comme son signe de feu l'indique,

BÉLIER ET SES ASCENDANTS

il prend les bouchées doubles. Puis, si la motivation baisse, alors le voilà ailleurs et cherchez-le! On peut lui confier une responsabilité où, naturellement il sera à l'honneur!

La seconde place le choque! Il est habile avec les chiffres, l'argent, les papiers à remplir; il saura faire baisser un prix, marchander. Il en veut pour son argent en payant le moins cher possible! On peut lui confier de grandes responsabilités, mais si vous l'assurez qu'il restera toujours là où il est, il aura déjà commencé à chercher ailleurs. Il sera fortement attiré par un travail où l'art et la créativité entrent en ligne de compte ou par la fréquentation d'artistes, ce qui lui donne la sensation d'avoir du prestige. Il peut aussi être attiré vers les gens qui possèdent le pouvoir et l'argent.

Sa septième maison, celle du conjoint, est dans le signe du Gémeaux, et cela signifie souvent au moins deux unions! Le natif étant «tombé» amoureux trop jeune la première fois, il supportera mal un conjoint qui lui pose trop de questions. Son âme soeur a besoin de le laisser s'aérer si elle veut le garder.

Quand cette personnalité n'a pas d'amour «sérieux» dans sa vie, elle risque l'éparpillement, la multiplication des aventures et aussi beaucoup de déceptions. Elle est à la recherche de la passion, l'amitié ne lui suffit pas. Cependant, elle fait tout d'abord la première promesse passionnée, vous laisse entendre qu'il en sera toujours ainsi, mais ça ne tarde pas qu'elle vous charge de la rendre heureuse, amoureuse. Elle veut que vous attisiez son feu... double signe de feu... vous lui devez ça... et ne marchez pas trop devant elle... elle aime être à l'honneur.

Sa huitième maison est celle du Cancer. Avec de mauvais aspects dans cette maison, le natif peut s'adonner à l'alcool, aux drogues. Souvent le foyer aura été un lieu de douleurs, ou de puissantes restrictions morales, tout comme avec de mauvais aspects cela peut être tout à fait le contraire, moeurs relâchées au maximum. La mère du natif aura pu être bizarre ou possessive, souvent un mystère lourd de conséquences entoure le foyer de naissance protégé secrètement par le sujet.

Sa neuvième maison est celle du Lion. Le natif préférera la fréquentation des gens haut placés. Il sera habile à traiter avec les «grands» de ce monde et se fera des relations dans les hautes sphères de la société. Il sera le plus souvent honnête avec ceux avec qui il traitera, et cela peut aller dans certains cas jusqu'à une certaine naïveté, mais certainement pas durant toute sa vie. Le flair est tout de même très aiguisé avec le double feu. Il pourra lui arriver d'aimer les riches et de dédaigner ceux qui sont les plus démunis. S'il part au loin, il oublie ses origines. S'il part d'un milieu fortuné, il ne sera pas intéressé à connaître ceux qui n'ont pas eu autant de chance. Il lui faut apprendre à ne pas se fier uniquement aux apparences qui, elles, changent. Qui sait si le plus petit ne deviendra pas le plus grand? L'inverse est aussi vrai! En tant que double signe de feu, sa philosophie peut aller d'un extrême à l'autre, s'emballer pour une doctrine aujourd'hui et pour une autre quelques mois ou quelques semaines plus tard! Avec cette neuvième maison dans le signe du Lion, ce natif peut être fortement attiré par les sports et devenir un expert dans la ligne qu'il aura choisie. Position où il est rarement méchant. Le double signe de feu est emballé, mais il n'a jamais l'intention de faire mal à qui que ce soit. Il est combatif et sait se défendre, mais il n'est pas du genre à attaquer, à moins qu'on ne le provoque sérieusement. Il aime le rire et le plaisir. Advenant le cas où il doit vivre une difficulté, il la dramatisera et la rendra grosse comme une montagne; ça peut durer un jour, un mois au maximum, mais un beau matin il se lève et il a décidé qu'il a tout oublié et qu'il repart en neuf!

Sa dixième maison est celle de la Vierge. Encore une fois, l'aspect travail revient. Il sera habile à diriger, et, en tant que patron, il saura valoriser ses employés au bon moment. Exigeant, il donnera tout d'abord le bon exemple et saura récompenser ceux qui se dévouent. Employé, il sera fidèle au point que l'on croira que l'entreprise lui appartient! Il aura le sens du détail en tout ce qui concerne la compagnie qui l'emploie, et s'il est patron, le succès lui est assuré, à moins que de mauvais aspects n'interviennent fortement. La dixième maison représentant le père, il n'est pas rare que le Bélier-Sagittaire ait des relations de travail avec son père, qu'ils travaillent tous deux dans la même entreprise ou qu'il soit à l'emploi de son père. Ou, comme il est dit plus avant, le sujet bénéficiera, de la part de ceux qui l'entourent au travail, d'une protection quasi paternelle. Position qui indique que le père du natif est une personne extrêmement intelligente. Avec le signe de la Vierge, avec de mauvais aspects dans cette maison, ce peut être le contraire, un père à l'esprit tortueux.

Sa onzième maison dans le signe de la Balance, qui, elle, représente les unions, laisse présager que le mariage en est un

BÉLIER ET SES ASCENDANTS

d'amitié et de raison plus que de passion, malgré sa nature «emballée». Ce natif a aussi un grand sens de la justice: il sait prendre la défense de ceux qu'on offense injustement, il supporte mal de voir la misère et est facilement prêt à apporter son secours en cas de nécessité. Plus justement, il ira chercher les personnes qui, elles, feront le travail à sa place. Il sera persuasif, s'il s'agit d'un sauvetage! Avec de mauvais aspects d'Uranus, sa générosité peut se retourner contre lui, mais jamais pour longtemps avec l'ascendant Sagittaire.

Sa douzième maison dans le signe du Scorpion, symbole du meilleur comme du pire, et particulièrement en association avec le Poissons, monde de l'illusion, de l'infini, laisse présager que le natif, s'il est mis en contact avec le monde obscur — drogue, alcool, prostitution, orgie et tout ce qui touche la bassesse humaine et une certaine facilité — peut s'y adonner et y nager comme un poisson dans l'eau.

Cependant le même aspect peut être, tout au contraire, une attirance vers le mysticisme, l'astrologie, la religion et, avec certains aspects particuliers, l'ascétisme, ce qui est plutôt rare en ces temps modernes. Ce natif peut avoir l'air d'un ange, mais il faut y regarder de plus près! Il peut avoir l'air fort, l'être aussi, tout comme il peut vivre de grandes dépressions intérieures. Ce double signe de feu a besoin d'encouragement. Malgré ses allures de grand seigneur, il n'est pas si certain d'obtenir la couronne et les lauriers. Quand il les obtient, il n'est pas certain qu'il pourra les conserver.

Il le peut, le ciel lui a donné une foi démesurée, un courage peu commun, et même de la chance s'il sait s'y accrocher sans douter! Il est si pressé que, lorsque ça n'arrive pas tout de suite, il s'emballe ou connaît un profond négativisme.

BÉLIER ASCENDANT CAPRICORNE

Voici deux bêtes à cornes, deux signes cardinaux, deux signes de chef, l'un de feu, le Bélier, qui s'emporte, et l'autre de terre, le Capricorne. Si le Capricorne met trop de terre sur le feu, vous avez là un Bélier à mi-temps, entre l'exaltation et l'anxiété.

Vous avez là un Bélier confiant pour aujourd'hui et tout apeuré pour ce que l'avenir lui réserve. D'un côté, il adore dépenser et, de l'autre, il a très peur de manquer d'argent pour ses vieux jours. Le Bélier est à la merci de ce qu'on pense de lui, et le Capricorne avance à son rythme, selon ses convictions... de là provient un déchirement entre vivre pour ce que les autres pensent de soi et vivre pour ce qu'on pense de soi-même.

Ce Bélier, premier signe du zodiaque, accompagné du vieux Capricorne, nous donne un Bélier qui a toujours un petit bobo quelque part, mais sans importance vous dira-t-il, et c'est vrai qu'il est extrêmement résistant. Sa seule faiblesse, il l'a dans les genoux.

Le Bélier broute au bas des montagnes alors que le Capricorne monte. Vous avez là un Capricorne à l'ascendant qui dit à la petite brebis qu'elle peut aller bien plus haut et bien plus loin! Le défi l'intéresse. Le Bélier-Capricorne a envie de puissance.

BÉLIER ET SES ASCENDANTS

Les sommets exercent sur lui une puissante fascination. Un seul sommet à atteindre pourrait bien ne pas suffire, il lui en faut plusieurs. Pourquoi pas? Et tout de suite. Ce double signe cardinal a horreur d'attendre, la patience lui fait défaut. Exécution, et vite, dit-il! Quand il se fait Capricorne il boude, et quand il est lui-même il hurle! Ou presque! Jamais en public, il a trop besoin qu'on le reconnaisse comme une personne bien, c'est plutôt dans sa vie intime qu'il est quelquefois insupportable, ou presque!

Personnalité intéressante, n'est-ce pas? Compliquée, oui, mais intéressante tout de même!

Le Bélier est un signe de feu, et le Capricorne est un signe de terre, régi par Saturne, le froid. D'un côté, nous avons, socialement, un chaleureux Bélier, mais, dans le privé, il peut se fermer et devenir quelqu'un d'inabordable parce que ça ne rapporte pas d'être gentil!

Oh! Oui! Ce qu'il fait doit rapporter, les services ne sont pas gratuits. C'est un calculateur, un économe qui n'en a pas l'air. Il accepte bien les cadeaux, mais il n'en fait pas souvent, à moins qu'il ait à dire merci parce que vous lui avez rendu service! Le Bélier veut bien en faire, mais ça coûte cher; le Capricorne, lui, est un économe. Et si plus tard il en manquait?...

Fort heureusement, en vieillissant son caractère s'adoucit, il devient plus tolérant, et il se rend compte qu'il n'avait pas raison d'avoir aussi peur quand il était plus jeune.

S'il l'apprenait un peu plus tôt, ça lui rendrait service et il saurait faire de son moment présent un gros paquet de plaisirs plutôt qu'un gros paquet de peurs sorties tout droit de son imagination.

Sa deuxième maison, celle de l'argent dans le signe du Verseau, symbolise que le natif pourra gagner son argent en étant en contact avec un certain public. Gagner de l'argent à la manière uranienne signifie que le travail est fourni soudainement par l'entremise d'amis, de connaissances, et même par une sorte de hasard. Ce natif aime l'argent et le pouvoir que cela lui apporte, en plus de la sécurité. Il préférera d'ailleurs fréquenter ceux qui en ont! Je vous l'ai dit déjà, il peut devenir très agité s'il ressent un doute au sujet de ses finances, il a en tête «ses vieux jours»! Même quand il est jeune, il a toujours plus d'économies qu'il ne le laisse entendre, vous vous en rendrez compte en observant qu'il peut toujours s'offrir ce qui lui fait envie.

Sa troisième maison dans le signe du Poissons en fait une personne intelligente, aux multiples capacités, mais où peut se trouver une confusion entre l'intellect et l'émotion.

Le sujet peut connaître des périodes de grande euphorie et même de folies joyeuses et de grandes dépressions frôlant l'auto-destruction. Mais ce double signe cardinal n'a certainement pas en tête de perdre quoi que ce soit et il sait se reprendre rapidement. Il peut apprendre n'importe quoi et exceller dans plusieurs domaines, autant dans celui de l'abstraction que de la matière. Il se posera d'ailleurs de multiples questions avant de se situer définitivement dans un domaine ou dans un autre. Ayant sa troisième maison dans le signe du Poissons, il arrive que, sous une mauvaise influence, le natif devienne un manipulateur et un menteur. Il faudra le corriger tôt dans sa jeunesse. Le signe du Poissons étant tout ce qui est caché et la troisième maison étant celle de la parole, il arrive que ce natif vous fasse des cachotteries ou ne vous dise que la moitié de la vérité! L'autre moitié il la garde pour lui, pour des motifs parfois ignorés de lui-même. Il aime se rendre important, il aime qu'on l'admire, qu'on ait des attentions pour lui.

Sa quatrième maison, le foyer, où se trouve généralement son Soleil, signifie une maison où l'agressivité pourrait régner, qu'elle soit exprimée ou non. Cela dépend alors des autres aspects dans la carte natale. La quatrième maison étant aussi celle de la mère, symbole du Cancer, le natif pourra vivre une révolte contre celle-ci, encore une fois, exprimée ou non. Comme un Bélier est un sujet rebondissant, ce peut être par coups d'éclat, quand la Lune dans le ciel vient frapper l'aspect natal de la colère chez le Bélier! Il hésitera avant de quitter son lieu de naissance; il sera aussi attaché à sa mère qu'il voudra s'en libérer! Les aspects de Mars, en ce qui concerne le foyer, jouent un rôle important dans la vie de ce natif. Avec de bons aspects de Mars, il sera ambitieux; et influencé par de mauvais aspects, il sera ambitieux, mais sans direction précise et il devra trouver sa voie lui-même, en s'égarant sur quelques routes en réparation!

Sa cinquième maison est dans le signe du Taureau. Le natif sera fortement attiré par les arts, mais si, à tout hasard, il se rendait compte que les arts, ça ne paie pas... il jettera ses regards vers un travail plus rémunérateur, mais saura trouver une place en avant où il sera à l'honneur. L'amour est plus vécu comme une affaire que comme une passion, et plus le sujet vieillit plus

BÉLIER ET SES ASCENDANTS

il risque de devenir calculateur dans le choix de ses partenaires amoureux: combien vaut-il (elle) et saura -t-il (elle) gagner confortablement le pain? Dans le cas de l'homme, il ne tient pas particulièrement à «crémer» continuellement le gâteau!

Sa sixième maison se trouve alors dans le signe du Gémeaux. La sixième étant le travail, la maladie, le natif le plus souvent aura deux emplois et plus, de préférence ceux qui lui permettent de prendre l'air, d'être en mouvement. Sur le plan de la santé, il est fortement irritable et son système nerveux est fragile. La tête étant en perpétuelle activité, cela peut créer des «courts-circuits»: encore une fois, alternance entre le génie et la folie, entre l'excitation et la dépression, haut et bas qui peuvent avoir lieu dans la même journée, à part ça!

Sa septième maison, celle du conjoint, se trouve dans le signe du Cancer. Inconsciemment, le natif recherchera chez l'autre l'aspect protecteur qui l'enveloppe, qui lui offre un toit, un nid douillet... et quand il sentira l'étouffement, il quittera! La septième maison du zodiaque est celle de la Balance. Avec une alliance au Cancer, le natif recherchera, sans trop s'en rendre compte, des situations où il pourra s'opposer et faire le jeu du pouvoir sur l'autre, mais il risque ainsi de se retrouver seul, après qu'on l'aura quitté. Qui donc a envie d'un général comme conjoint? Qui croit à l'égalité, au partage des tâches, mais qui ne fait à peu près jamais sa part?... Dès qu'une certaine habitude s'est installée...

Sa huitième maison, celle de la mort et des transformations, se trouve dans le signe du Lion. On peut alors assister à des métamorphoses complètes de l'individualité de cette personnalité, autant sur le plan physique qu'intérieur. Le natif possède une intuition éclairée dont il pourra se servir afin d'éviter de se mettre «les pieds dans les plats». Le Lion représente aussi les enfants, et il n'est pas rare de rencontrer des natifs Bélier-Capricorne qui ne désirent pas d'enfants ou, quand ils en ont, considèrent leur progéniture comme un obstacle à leur réalisation personnelle. L'égocentrisme est puissant sous le Bélier, et faire un enfant signifie aussi céder sa place, se donner! Ce n'est pas facile quand on vient au monde avec le Soleil dans la quatrième maison. Cette position fait du Bélier une personne qui refuse souvent de grandir, bien qu'elle soit capable de prendre de grandes responsabilités sociales. Quand il a des enfants, il lui faut faire attention de ne pas tout décider à leur place. Il en résulterait des enfants révoltés ou si soumis qu'ils n'auraient aucun sens de l'initiative... ce qui surprendrait bien ce natif.

Sa neuvième maison se trouve alors le plus souvent dans le signe de la Vierge: religion de forme, croyances traditionnelles. Le natif cherche des preuves à la foi, alors qu'elles n'existent qu'en soi et jamais au dehors, ni dans les rites ni dans les «gourous»! Il cherchera à se conformer à une mode, puis tout à coup il s'y opposera, la rejetant d'une manière anarchique. Chez lui, l'ordre est souvent une manifestation d'un désordre intérieur entre ce qu'il croit et ce que les autres croient. Qu'est-ce qui est vrai? Il a bien du mal à se faire sa propre idée. La Vierge symbolise le travail, la maladie. Le sujet pourra un jour devoir rencontrer les gens de la médecine de l'âme de par la maison neuf, celle du Sagittaire. Il devra choisir soigneusement, tout dépendra alors des aspects. On peut l'aider comme on peut, et aussi l'enfoncer dans de nouvelles croyances superficielles. Au travail, il jouera un rôle important, mais il aura du mal à se retrouver «grand patron»! Toutefois, il aura l'occasion de participer à l'expansion de l'entreprise dans laquelle il s'engage. Cette position est dans un double signe double, quatre ambitions, quatre sommets, quatre buts à atteindre... Ce n'est pas facile de tout faire en même temps, et pas facile non plus de faire son choix.

Sa dixième maison est dans le signe de la Balance. Son ambition est souvent l'art, sous une forme ou sous une autre, une recherche de la reconnaissance publique, un goût de manifester sa présence. La loi, la justice, le droit peuvent exercer une puissante attraction: avocat qui veut devenir juge! La dixième maison dans le signe de la Balance fait aussi que ce natif a pour objectif de trouver un partenaire à la fois amoureux et pratique. Les amours seront étranges, la rencontre se fait le plus souvent au détour d'une carrière en transformation. Trouver un partenaire qui sera à la fois artiste et pratique n'est pas une mince affaire! Et trouver quelqu'un qui dit toujours oui à tous ses caprices, c'est encore moins facile.

Sa onzième maison est dans le signe du Scorpion. Il peut arriver que le natif ait sur sa route des amis qui le transformeront, mais qui peuvent aussi le détruire. Avec cette onzième maison en Scorpion, étant Bélier, le sujet peut, à un moment de sa vie indiqué par les planètes, fréquenter des gens peu recommandables! Il est possible aussi que ceux qu'il croyait ses amis soient,

BÉLIER ET SES ASCENDANTS

en fait, des gens jaloux, ennemis même, qui convoitent la réussite du natif, quelle qu'elle soit. Cette position de maison laisse supposer également que le natif est compétitif au point de se placer dans des situations dangereuses pour sa propre vie. On pourrait lui dire: Tu sautes ou pas? Entre le départ et l'arrivée, il y a un précipice! Ses «pseudos» amis espèrent qu'il n'y verra rien, qu'il sautera... Surprise! Ce double signe cardinal a une force plus grande qu'on ne soupçonne!

Sa douzième maison est celle du Sagittaire. De là aussi vient son inquiétude et sa peur de manquer d'argent. Une attirance pour le paranormal, l'astrologie, l'occultisme, lesquels, s'ils présentent des aspects négatifs, peuvent devenir source d'épreuves, une sorte de maladie de l'âme. Bien que Bélier et emporté, ce sujet n'est pas méchant et, au fond de lui, il aimerait sauver l'humanité. Il est le type missionnaire à sa façon. Le lointain l'attire fortement, et s'il vient à partir, cela pourra créer une épreuve et un éveil psychique à la fois. La prise de conscience ne se fait pas sans difficulté, mais il y arrivera. Double signe cardinal, l'individu n'est pas démuni de volonté, bien au contraire; double signe cardinal, il lui faut passer à l'action, le Capricorne le freinera au moment de l'emballement, le fera réfléchir aux conséquences de ses actes. Il faut juste donner un peu de temps à ce signe.

divorces, le sujet peut décider promptement, après un long temps d'une vie conjugale, de reprendre sa liberté sous différents prétextes personnels et qui ne tiennent nullement compte des besoins de l'autre.

Sa huitième maison, celle des transformations, de la mort et aussi de la sexualité, se trouve alors dans le signe de la Vierge. Ce natif pourra avoir tendance à une certaine frigidité si la flamme de la passion n'est pas rallumée périodiquement. Il pourra vous dire de temps à autre qu'il croit devenir fou, qu'il est dépressif. En fait, il vous pose une question, et en même temps est en train d'analyser ce qui peut le mettre dans cet état. Alors, quand vous lui donnez une réponse, placez un magnétophone, il y a de bonnes chances que, pris dans sa propre auto-analyse, il ne vous écoute pas vraiment. Ce natif craint la mort, la maladie, et un Bélier ascendant Verseau peut même développer une sorte de hantise face à ces sujets. La pensée crée toutes les réactions du corps. En ayant peur de la maladie, il y a plus de risque qu'elle s'installe pour vous donner raison d'avoir pensé à elle! Sous ce signe, les transformations ne se font pas rapidement, malgré l'ascendant Verseau qui est radical et le Bélier qui est pressé. L'esprit s'agite dans toutes les directions longtemps avant de se décider, et après avoir étudié longuement la question. Il sera curieux d'astrologie, d'occultisme, de voyance, tout en ayant peur de pénétrer dans ce monde ou d'y croire. Plus influençable qu'il ne le croit lui-même, il peut être la proie des charlatans. Position qui indique une attirance vers la médecine, surtout si d'autres aspects donnent de la force à cette maison.

Sa neuvième maison se retrouve dans la Balance. Souvent le natif rencontre une personne prête à l'aider, à l'encourager. Il lui reste à accepter ou à refuser l'offre. Souvent il vit un rêve en rapport avec sa relation, il l'exalte plus qu'il ne la voie telle qu'elle est. Son union vit des transformations profondes et puissantes, mais il a plus de chance de la voir durer que celle de beaucoup d'autres signes. Lorsqu'il a signé un contrat légal, il tient à le respecter intégralement. Il pourra être fortement attiré par les étrangers et il n'est pas rare qu'il épouse une personne venant d'un autre pays.

Sa dixième maison se situe dans le signe du Scorpion. Les ambitions sont énormes et le chemin pour les atteindre n'a rien de facile. Il pourra vivre des hauts et des bas de carrière assez fulgurants, mais il réussira toujours à s'en sortir avec quelques honneurs, même dans la défaite. Avec sa neuvième maison dans le signe de la Balance, il arrive parfois que le natif ait provoqué des dépenses extravagantes et ait nui considérablement aux finances du couple... Même s'il a commis une grosse erreur dans son association, et s'il n'a pas réussi à tenir toutes les promesses qu'il avait faites, il ne devient pas l'ennemi de l'autre! On lui pardonne plus aisément qu'à un autre. La vibration est ainsi.

Sa onzième maison se trouve dans le signe du Sagittaire. Ce natif se fait des amis partout, il a l'art de se faufiler ou de se faire inviter chez les gens haut placés, d'y prendre une place et de se faire remarquer. Il peut d'ailleurs aller et venir d'un milieu à un autre sans se sentir dépaysé. Il voyage par eau et par air, il est sportif, son sens de la compétition se limite souvent à se faire remarquer, compter un bon point, et puis au revoir! Il s'est fait plaisir et cela lui suffit, et tant mieux si les autres applaudissent. La composition entre le Bélier et l'ascendant Verseau, le feu et l'air, donne le goût de l'action, mais elle a du mal à être soutenue car le natif a trop d'idées à la fois, ne sait plus par où commencer, et aussitôt qu'il a une nouvelle idée il entreprend de la réaliser sans en avoir fini avec la précédente. Il devra arriver, à un certain âge, à une maturité certaine avant de se décider à aller jusqu'au bout!

Sa douzième maison se situe dans le signe du Capricorne, ce qui crée souvent, dès l'enfance, des problèmes d'autorité avec le père. Pour plusieurs, c'est la soumission qui, un jour, entraîne à la révolte et au rejet du père, ou alors, dès la jeunesse le natif refuse totalement les conseils et même la protection du père. Il n'est pas rare de constater de nombreuses perturbations au niveau du couple parental de ce sujet, ce qui, naturellement, se répercute sur sa propre vie sentimentale. L'ascendant Verseau, signe fixe, «fixe» le natif dans telle situation, même s'il ne s'y sent pas à l'aise, et comme ce dernier possède une grande fierté, avant de rompre une liaison il hésitera longtemps: «Comment aurais-je pu faire une telle erreur!» Position également qui peut entraîner avec l'âge un problème d'ossature, l'arthrite par exemple.

L'émotion est vive sous ce signe et cet ascendant, mais la raison est tout aussi forte, le Verseau étant un signe d'air et n'étant pas non plus représenté par un animal. Ce Bélier essaiera de soumettre à sa raison sa spontanéité qui ne peut, en réalité, se retenir bien longtemps et qui éclate en crise, comme une accumulation de ses frustrations! Le Bélier étant égocentrique, et le

BÉLIER ET SES ASCENDANTS

Verseau ayant un petit côté dictateur, bien souriant, le jeu étant caché au natif lui-même, il veut se montrer aimable mais veut aussi qu'on lui obéisse, il prendra du temps avant de changer, croyant que c'est l'environnement, les gens autour de lui qui sont la cause de son malheur, de ses échecs, de ses déboires. Mais il apprendra, la vie joue en sa faveur.

Moitié martien, moitié uranien, un jour l'explosion en fait un être transformé selon ce qu'il veut!

BÉLIER ASCENDANT POISSONS

Voici un romantique confus! Altruiste à ses heures, égoïste à d'autres. On le rencontre euphorique le dimanche et complètement dépressif le lundi. Qu'est-ce qui s'est passé dans sa tête? Il a cru que son rêve allait se réaliser tout de suite, mais la lampe d'Aladin n'a pas fonctionné, et c'est la faute des autres!

Au départ on le trouve sympathique, gentil, sensible, prêt à vous écouter, il vous écoute... pendant qu'il pense à lui, à ses problèmes, et il cherche comment il pourra vous les exprimer afin qu'il fasse assez pitié pour que vous preniez soin de lui!

Il a tant besoin d'amour et de compréhension! Laissé dans un milieu qui ne lui donne aucune direction, il «n'en mène pas large», il vivra tous les excès, alcoolisme et drogue de préférence.

Élevé dans un milieu qui le soutient, il peut développer de belles qualités d'âme et réaliser ses rêves. C'est un créateur qui a besoin d'encouragements! Il peut avoir un talent de double vue, des pouvoirs paranormaux. Il peut devenir un être serviable plutôt qu'un plaignard et un braillard. Un débrouillard plutôt que celui qui a besoin qu'on fasse tout pour lui.

BÉLIER ET SES ASCENDANTS

Bélier, signe de feu; Poissons, signe d'eau. L'eau éteint le feu, il faut y voir. Comme le feu peut réchauffer l'eau, la faire bouillir, elle remonte, déborde et éteint encore le feu. Ou alors le feu fait bouillir l'eau lentement et l'eau s'évapore. Où est donc alors passée la sensibilité, la création est dans les nuages, qui la réalisera?

Il n'est jamais facile de venir au monde avec cet ascendant. Il est le douzième, il donne cette conscience d'appartenir au grand Tout, le Poissons est le sauveur du monde, alors notre Bélier a déjà bien du mal à se sauver lui-même.

Il peut capter l'invisible, s'en faire un allié, qui lui permettra de faire, d'agir. Si un jour un Bélier-Poissons venait en contact avec la métaphysique, il apprendrait à réaliser et peut-être à faire des miracles!

Généralement, le Soleil de ce Bélier se retrouve dans la deuxième maison. Vous avez là un être qui peut se dévouer entièrement à une cause, mais aussi quelqu'un qui pourrait ne vivre que pour l'argent, le pouvoir de l'argent et encore l'argent, car il peut être perpétuellement inquiet d'en manquer, alors même qu'il est riche! Ce natif pourrait également être de ceux qui vont d'une conquête amoureuse à une autre sans jamais être satisfaits, trouvant que chaque personne qu'ils rencontrent ne correspond nullement à leur idéal! Il pourrait avoir tendance à se surestimer, apparemment, alors qu'au fond de lui il n'est sûr de rien. Deux tendances fortement opposées peuvent apparaître sous ce signe: l'altruisme et l'égoïsme à un point aigu!

Sa troisième maison se situe dans le signe du Taureau. Vous avez là, sous un air souple, une personnalité qui ne change pas facilement d'avis. Ses pensées, si elles n'ont pas reçu de messages d'amour humain, sont alors toutes dirigées vers la possession, la propriété et le pouvoir qu'il pourrait avoir sur les autres! Selon les positions planétaires, le sujet pourrait aussi se diriger vers un objectif bien précis et s'y maintenir tant et aussi longtemps qu'il ne l'aura pas atteint. Quelquefois il arrive qu'il soit sur une mauvaise voie de service, mais il ne s'en rend pas compte et il y reste. Un jour l'inévitable le place en face d'une autre réalité.

Sa quatrième maison se retrouve dans le signe du Gémeaux. Voilà quelqu'un qui ne reste pas enfermé à la maison bien longtemps, il a besoin de prendre l'air, de voir des têtes nouvelles, de renouveler fréquemment son cercle d'amis. Il ne refuse pas un voyage, un déplacement. L'imagination est débordante, il peut tout aussi bien ridiculiser une situation dramatique que dramatiser une situation simple et ridicule.

Dès l'adolescence ce natif a envie de quitter son foyer, il le sent trop étroit pour lui. Le vaste monde l'appelle, et c'est souvent ainsi qu'il multiplie ses connaissances tout en ayant du mal à les approfondir.

Sa cinquième maison, celle de l'amour, se retrouve dans le signe du Cancer, ce qui lui fait souvent rechercher un partenaire protecteur, maternel ou paternel. Ses craintes de perdre la personne aimée sont nombreuses et quand il se sent trop épris, l'envie de quitter lui vient en même temps! Il s'ensuit alors plusieurs confusions sentimentales. Il essaiera fortement, même inconsciemment, de recréer la forme d'amour qu'il a reçue dans son enfance. Il peut avoir vécu des difficultés avec ses parents ou ses parents eux-mêmes étaient en état de trouble; il reproduira alors ses racines, bonnes ou mauvaises, sans même s'en rendre compte, sauf si on lui met la situation bien au clair.

Sa sixième maison, celle du travail, se trouve dans le signe du Lion, le Lion qui représente l'or! Ce qui fait que le natif travaille pour obtenir du brillant, pour être riche. La tendance à vouloir épater est puissante également. Il n'est pas rare non plus de retrouver ces natifs dans les milieux artistiques —artistes, agents ou autre travail en relation avec les arts—. Le cinéma aussi leur sied bien. Ce natif devra surveiller son alimentation. Il mangera trop bien, trop richement. Avec un ascendant Poissons, il peut faire de l'embonpoint. Quand il suit un régime, il est trop sévère, et quand il se relâche, il le fait complètement, l'excès le guette dangereusement.

Sa septième maison, celle du conjoint, se retrouve dans le signe de la Vierge, ce qui laisse supposer deux unions. La rencontre avec l'âme soeur se fait souvent dans le milieu du travail et il n'est pas rare non plus que le natif partage le même objectif que son partenaire amoureux. Avec la septième maison dans le signe de la Vierge, la relation avec le conjoint n'est jamais tout à fait claire, sauf après de nombreuses tribulations, des réajustements, des éloignements et des rapprochements qui alimentent la passion de ce Bélier.

Sa huitième maison est dans le signe de la Balance. La huitième, symbole des grandes transformations, de la mort aussi.

BÉLIER ET SES ASCENDANTS

Il arrive que ce soit un partenaire amoureux qui transforme le natif et lui donne un objectif fixe. Secrètement, celui-ci, après qu'il s'est attaché à quelqu'un, ne vit que pour lui! Il peut en arriver, après quelques années de partage, à faire abstraction de lui, ce qui non plus ne peut durer indéfiniment sans qu'il fasse une «petite dépression». Ce natif a grand besoin de sommeil pour récupérer, ses moments de fatigue sont intenses. De 100 % d'énergie vitale, il peut se retrouver soudainement à zéro! Il doit s'astreindre à un régime de vie régulier afin de ménager sa «monture»!

Sa neuvième maison, son attrait pour l'occultisme, se retrouve dans le signe du Scorpion. Le sujet est très perceptif, il devine les gens, leur avenir, il ressent profondément ce qui lui arrivera, ce qui arrivera à ceux qui l'entourent, il a des qualités de devin, qu'il essaie d'étouffer avec la raison ou qu'il ne veut pas voir, n'ayant pas été mis en contact avec ces forces dans son jeune âge. Tôt ou tard il accepte de développer ses facultés paranormales, il finit par consentir à la vérité de ses pressentiments.

Sa dixième maison, celle de son ambition, est dans le signe du Sagittaire, aussi n'est-il pas rare que le sujet fasse carrière à l'étranger ou loin de son lieu natal. En s'éloignant, il trouve la chance. Il a le sens de l'opportunité. S'il voit une porte entrouverte, il l'ouvrira complètement et saisira l'occasion qui s'offre afin de progresser dans l'entreprise qui l'intéresse. Avec cette dixième maison dans le signe du Sagittaire, il sera à l'affût de la nouveauté. Il saura profiter de la dernière nouvelle vague pour faire de l'argent. En ce moment il y a la vidéo, le monde des ordinateurs, les nouveaux loisirs, etc. Ce natif sait s'organiser pour que ça rapporte!

Sa onzième maison dans le signe du Capricorne fait qu'il a très peu d'amis, et ceux qu'il a il les garde longtemps. Il est attaché à sa famille et souvent il lui arrive de faire travailler des membres de sa famille dans son entreprise. Il a un grand sens du devoir et il est dévoué envers ses enfants quand il en a. Position qui peut avoir donné naissance à des conflits avec le père, autorité, restriction de la part du père.

Sa douzième maison est dans le signe du Verseau. La douzième étant le signe de l'épreuve, le Verseau, symbole uranien, les malheurs arrivent alors soudainement, sans avertir en relation directe avec la position d'Uranus dans sa carte natale. Un divorce peut survenir sans que le natif s'y attende. Il doit prendre garde aux chocs électriques, à la foudre, au feu, à tout ce qui a rapport aux explosions ou aux appareils modernes. Il peut également, au cours d'une seconde union, se retrouver avec les enfants de l'autre et vivre quelques épreuves de ce côté, mais cela l'aidera considérablement à évoluer.

LE CALCUL DE L'ASCENDANT

Voici une méthode très simple qui permet de calculer son ascendant.

1. Il faut connaître son heure de naissance.

2. Si on est né à une date où l'heure d'été était en vigueur, il faut soustraire une heure à son heure de naissance. (Voir au tableau des heures d'été.)

3. On cherche sur le tableau des heures sidérales le temps sidéral du jour de sa naissance. Si notre date de naissance n'y est pas indiquée, il faut choisir la date précédente la plus rapprochée et ajouter quatre minutes par jour qui sépare cette date de notre jour de naissance. Disons, par exemple, que vous êtes né le 14 avril. Le tableau donne le temps sidéral pour le 10 avril, soit 13:10. Comme quatre jours séparent le 10 avril du 14 avril, il faut ajouter quatre fois quatre minutes, soit 16 minutes. On obtient donc un temps sidéral du jour de votre naissance si vous êtes né un 14 avril. N'oubliez pas que si le total des minutes dépasse 60, il faut soustraire 60 de ce total et ajouter une heure. Par exemple 06:54 plus 12 minutes. On obtient 06:66, ce qui donne en fait 07:06.

4. On ajoute à l'heure de la naissance le temps sidéral du jour de la naissance qu'on a trouvé au tableau des heures sidérales. C'est l'heure sidérale de la naissance. Si on obtient ici un total qui dépasse 24 heures, il faut soustraire 24 heures du total obtenu. Par exemple, si on obtient 32:18 on soustrait 24 heures de 32:18. Ce qui nous donne 08:18. C'est l'heure sidérale de la naissance.

5. On cherche ensuite au tableau des ascendants le signe qui correspond au temps sidéral de la naissance que vous avez trouvé à l'opération précédente. Ce signe est votre ascendant.

TABLEAU DES HEURES SIDÉRALES

Bélier

22 mars	11:54	1 avril	12:34	15 avril	13:29
26 mars	12:10	5 avril	12:50	20 avril	13:49
31 mars	12:30	10 avril	13:10		

Taureau

21 avril	13:53	1 mai	14:33	15 mai	15:28
25 avril	14:09	5 mai	14:48	21 mai	15:51
30 avril	14:29	10 mai	15:08		

Gémeaux

22 mai	15:55	1 juin	16:35	15 juin	17:30
26 mai	16:07	5 juin	16:51	21 juin	17:54
31 mai	16:31	10 juin	17:10		

Cancer

22 juin	17:58	1 juillet	18:33	15 juillet	19:28
26 juin	18:13	5 juillet	18:49	19 juillet	19:44
30 juin	18:29	10 juillet	19:09	22 juillet	19:56

Lion

23 juillet	20:00	1 août	20:35	16 août	21:34
27 juillet	20:16	5 août	20:51	22 août	21:58
31 juillet	20:31	10 août	21:11		

Vierge

23 août	22:02	1 sept.	22:37	15 sept.	23:33
28 août	22:22	5 sept.	22:53	21 sept.	23:56
31 août	22:34	10 sept.	23:13		

Balance

22 sept.	00:00	1 oct.	00:36	15 oct.	01:31
26 sept.	00:16	5 oct.	00:52	20 oct.	01:51
30 sept.	00:32	10 oct.	01:11	23 oct.	02:03

BÉLIER

Scorpion

24 oct.	02:06	1 nov.	02:38	16 nov.	03:37
28 oct.	02:22	5 nov.	02:54	22 nov.	04:01
31 oct.	02:34	10 nov.	03:13		

Sagittaire

23 nov.	04:05	1 déc.	04:36	16 déc.	05:35
27 nov.	04:20	5 déc.	04:52	21 déc.	05:55
30 nov.	04:32	10 déc.	05:12		

Capricorne

22 déc.	05:59	1 janv.	06:39	15 janv.	07:34
26 déc.	06:15	5 janv.	06:54	20 janv.	07:53
31 déc.	06:35	10 janv.	07:14		

Verseau

21 janv.	07:57	1 fév.	08:41	15 fév.	09:36
26 janv.	08:17	5 fév.	08:56	19 fév.	09:52
31 janv.	08:37	10 fév.	09:16		

Poissons

20 fév.	09:56	1 mars	10:31	16 mars	11:30
24 fév.	10:11	5 mars	10:47	21 mars	11:50
28 fév.	10:27	10 mars	11:07		

TABLEAU DES ASCENDANTS

L'ascendant est dans le BÉLIER entre 18:00 et 19:04.
L'ascendant est dans le TAUREAU entre 19:05 et 20:24.
L'ascendant est dans le GÉMEAUX entre 20:25 et 22:16.
L'ascendant est dans le CANCER entre 22:17 et 00:40.
L'ascendant est dans le LION entre 00:41 et 03:20.
L'ascendant est dans la VIERGE entre 03:21 et 05:59.
L'ascendant est dans la BALANCE entre 06:00 et 08:38.
L'ascendant est dans le SCORPION entre 08:39 et 11:16.
L'ascendant est dans le SAGITTAIRE entre 11:17 et 13:42.
L'ascendant est dans le CAPRICORNE entre 13:43 et 15:33.
L'ascendant est dans le VERSEAU entre 15:34 et 16:55.
L'ascendant est dans le POISSONS entre 16:56 et 17:59.

TABLEAU DE L'HEURE D'ÉTÉ

Au Québec, l'heure avancée, ou heure d'été, a été en vigueur entre les dates suivantes.

1920 du 2 mai au 3 octobre.
1921 du 1ᵉʳ mai au 2 octobre.
1922 du 30 avril au 1ᵉʳ octobre.
1923 du 13 mai au 30 septembre.
1924 du 27 avril au 28 septembre.
1925 du 26 avril au 27 septembre.
1926 du 25 avril au 26 septembre.
1927 du 24 avril au 25 septembre.
1928 du 29 avril au 30 septembre.
1929 du 28 avril au 29 septembre.
1930 du 27 avril au 28 septembre.
1931 du 26 avril au 27 septembre.
1932 du 24 avril au 25 septembre.
1933 du 30 avril au 24 septembre.
1934 du 29 avril au 30 septembre.
1935 du 28 avril au 29 septembre.
1936 du 26 avril au 27 octobre.
1937 du 25 avril au 26 septembre.
1938 du 24 avril au 25 septembre.
1939 du 30 avril au 24 septembre.
1940 du 28 avril
      puis tout le reste de l'année.
1941 toute l'année.
1942 toute l'année.
1943 toute l'année.
1944 toute l'année.
1945 jusqu'au 30 septembre.
1946 du 28 avril au 29 septembre.
1947 du 27 avril au 28 septembre.
1948 du 25 avril au 26 septembre.
1949 du 24 avril au 25 septembre.
1950 du 30 avril au 24 septembre.
1951 du 29 avril au 30 septembre.
1952 du 27 avril au 28 septembre.
1953 du 26 avril au 27 septembre.
1954 du 25 avril au 26 septembre.
1955 du 24 avril au 25 septembre.

1956 du 29 avril au 30 septembre.
1957 du 28 avril au 27 octobre.
1958 du 27 avril au 26 octobre.
1959 du 26 avril au 25 octobre.
1960 du 24 avril au 30 octobre.
1961 du 30 avril au 29 octobre.
1962 du 29 avril au 28 octobre.
1963 du 28 avril au 27 octobre.
1964 du 26 avril au 25 octobre.
1965 du 25 avril au 31 octobre.
1966 du 24 avril au 30 octobre.
1967 du 30 avril au 29 octobre.
1968 du 28 avril au 27 octobre.
1969 du 27 avril au 26 octobre.
1970 du 26 avril au 25 octobre.
1971 du 25 avril au 31 octobre.
1972 du 30 avril au 29 octobre.
1973 du 29 avril au 28 octobre.
1974 du 28 avril au 27 octobre.
1975 du 27 avril au 26 octobre.
1976 du 25 avril au 31 octobre.
1977 du 24 avril au 30 octobre.
1978 du 30 avril au 29 octobre.
1979 du 29 avril au 28 octobre.
1980 du 27 avril au 26 octobre.
1981 du 26 avril au 25 octobre.
1982 du 25 avril au 31 octobre.
1983 du 24 avril au 30 octobre.
1984 du 29 avril au 28 octobre.
1985 du 28 avril au 27 octobre.
1986 du 27 avril au 26 octobre.
1987 du 26 avril au 25 octobre.
1988 du 3 avril au 30 octobre.
1989 du 2 avril au 29 octobre.
1990 du 1ᵉʳ avril au 27 octobre.
1991 du 6 avril au 26 octobre.
1992 du 5 avril au 31 octobre.

Nous vivons dans un monde électromagnétique et la Lune peut devenir meurtrière pour les individus qui n'ont pas un bon équilibre psychique. L'influence de la Lune aboutit souvent à des tensions sociales, à des événements malheureux ou bizarres. Notre société a bien du mal à accepter l'aspect intuitif de la nature humaine.

On tient cas du rationnel dans un monde où seul un comportement raisonnable est accepté. Les vagues de désespoir dans notre société deviennent plus évidentes vues sous la lumière de la Lune. Il a été constaté par différents astrologues que le mouvement de la Lune, une pleine Lune ou une nouvelle Lune, accentue les tensions internes, et mène parfois à poser un acte contre la vie, la sienne ou celle d'autrui, ou à se laisser aller à des crises d'angoisse ou à toutes sortes de manifestations destructrices.

Le sachant, l'individu peut alors se contrôler, et ne point se laisser aller à la dépression s'il en a la tendance. Une certaine vigilance face au mouvement de la Lune et des planètes peut nous enseigner un emploi du temps approprié à nos besoins et nous permettre de vivre en harmonie avec les forces environnantes.

«Les astres inclinent mais ne déterminent pas.»

Les vrais astrologues ont adopté cet adage depuis plusieurs siècles. L'homme vient au monde avec certaines tendances négatives qu'il peut corriger et des forces qu'il peut développer. Voilà à quoi sert l'astrologie.

BÉLIER

NOUVELLE LUNE 1992

4 JANVIER	1 JUIN	25 OCTOBRE
3 FÉVRIER	30 JUIN	24 NOVEMBRE
4 MARS	29 JUILLET	24 DÉCEMBRE
3 AVRIL	28 AOÛT	
2 MAI	26 SEPTEMBRE	

PLEINE LUNE 1992

19 JANVIER	16 MAI	12 SEPTEMBRE
18 FÉVRIER	15 JUIN	11 OCTOBRE
18 MARS	14 JUILLET	10 NOVEMBRE
17 AVRIL	13 AOÛT	9 DÉCEMBRE

NOUVELLE LUNE 1993

22 JANVIER	21 MAI	16 SEPTEMBRE
21 FÉVRIER	20 JUIN	15 OCTOBRE
23 MARS	19 JUILLET	13 NOVEMBRE
21 AVRIL	17 AOÛT	13 DÉCEMBRE

PLEINE LUNE 1993

8 JANVIER	4 JUIN	30 OCTOBRE
6 FÉVRIER	3 JUILLET	29 NOVEMBRE
8 MARS	2 AOÛT	28 DÉCEMBRE
6 AVRIL	1 SEPTEMBRE	
6 MAI	30 SEPTEMBRE	

NOUVELLE LUNE 1994

11 JANVIER	10 MAI	5 SEPTEMBRE
10 FÉVRIER	9 JUIN	5 OCTOBRE
12 MARS	8 JUILLET	3 NOVEMBRE
11 AVRIL	7 AOÛT	1 DÉCEMBRE

PLEINE LUNE 1994

27 JANVIER	25 MAI	19 SEPTEMBRE
26 FÉVRIER	23 JUIN	19 OCTOBRE
27 MARS	22 JUILLET	18 NOVEMBRE
25 AVRIL	21 AOÛT	18 DÉCEMBRE

NOUVELLE LUNE 1995

1 JANVIER	29 MAI	24 OCTOBRE
30 JANVIER	28 JUIN	22 NOVEMBRE
1 MARS	27 JUILLET	22 DÉCEMBRE
31 MARS	26 AOÛT	
29 AVRIL	24 SEPTEMBRE	

PLEINE LUNE 1995

16 JANVIER	14 MAI	9 SEPTEMBRE
15 FÉVRIER	13 JUIN	8 OCTOBRE
17 MARS	12 JUILLET	7 NOVEMBRE
15 AVRIL	10 AOÛT	7 DÉCEMBRE

NOUVELLE LUNE 1996

20 JANVIER	17 MAI	12 SEPTEMBRE
18 FÉVRIER	16 JUIN	12 OCTOBRE
19 MARS	15 JUILLET	11 NOVEMBRE
17 AVRIL	14 AOÛT	10 DÉCEMBRE

PLEINE LUNE 1996

5 JANVIER	1 JUIN	26 OCTOBRE
4 FÉVRIER	1 JUILLET	25 NOVEMBRE
5 MARS	30 JUILLET	24 DÉCEMBRE
4 AVRIL	28 AOÛT	
3 MAI	27 SEPTEMBRE	

NOUVELLE LUNE 1997

9 JANVIER	5 JUIN	31 OCTOBRE
7 FÉVRIER	4 JUILLET	30 NOVEMBRE
9 MARS	3 AOÛT	29 DÉCEMBRE
7 AVRIL	1 SEPTEMBRE	
6 MAI	1 OCTOBRE	

PLEINE LUNE 1997

23 JANVIER	22 MAI	16 SEPTEMBRE
22 FÉVRIER	20 JUIN	14 NOVEMBRE
24 MARS	20 JUILLET	14 DÉCEMBRE
22 AVRIL	18 AOÛT	

NOUVELLE LUNE 1998

28 JANVIER	25 MAI	20 SEPTEMBRE
26 FÉVRIER	24 JUIN	20 OCTOBRE
28 MARS	23 JUILLET	19 NOVEMBRE
26 AVRIL	22 AOÛT	18 DÉCEMBRE

PLEINE LUNE 1998

12 JANVIER	11 MAI	6 SEPTEMBRE
11 FÉVRIER	10 JUIN	5 OCTOBRE
13 MARS	9 JUILLET	4 NOVEMBRE
11 AVRIL	8 AOÛT	3 DÉCEMBRE

CONCLUSION

Ce livre a pour but la connaissance de soi. Je ne puis avoir de la volonté à votre place. Ce que vous n'aimez pas de vous, vous devrez trouver un moyen de l'extirper de votre âme, votre coeur, votre subconscient, que ce soit par une thérapie de votre choix ou en lisant des livres qui vous enseignent à vous reprogrammer à partir de la blessure que vous avez subie ou que vous vous êtes infligé. Ce que nous sommes et que nous n'aimons pas n'est la faute de personne. C'est la nôtre, la vôtre. Ce que vous serez, vous ne le devez qu'à vous-même et à personne. Une carte du ciel bien faite peut donner des indices sur notre séjour antérieur dans une autre vie que celle que nous menons maintenant. Le thème astral peut causer beaucoup sur le sujet ou peu, ça dépend de chaque individu, de ce que sa naissance veut bien lui révéler. Je travaille présentement sur le «karma» et dans deux ou trois années je pourrai vous apporter du concret, de l'«adaptable». Vous reconnaîtrai l'autre que vous étiez, celui qui est, celui qui se transforme.

IMPRIMERIE QUÉBECOR
L'ÉCLAIREUR
24054